The
Young Economists
Book Series

青年经济学者文库

课题名称：论公司债市场上政府隐性担保的宏微观影响
项 目 号：71401144

衍生品定价中的风险与风险溢酬

著

刘杨树

厦门大学出版社
XIAMEN UNIVERSITY PRESS
国家一级出版社
全国百佳图书出版单位

图书在版编目(CIP)数据

衍生品定价中的风险与风险溢酬/刘杨树著. —厦门:厦门大学出版社,2016.4
(青年经济学者文库)
ISBN 978-7-5615-5972-7

Ⅰ.①衍…　Ⅱ.①刘…　Ⅲ.①衍生金融工具-期权定价-风险分析　Ⅳ.①F830.9

中国版本图书馆 CIP 数据核字(2016)第 054987 号

出 版 人	蒋东明
责任编辑	吴兴友　潘　瑛
装帧设计	李夏凌
责任印制	吴晓平

出版发行　厦门大学出版社

社　　址	厦门市软件园二期望海路 39 号
邮政编码	361008
总 编 办	0592-2182177　0592-2181253(传真)
营销中心	0592-2184458　0592-2181365
网　　址	http://www.xmupress.com
邮　　箱	xmupress@126.com
印　　刷	厦门市万美兴印刷设计有限公司

开本	720mm×970mm　1/16
印张	10.5
插页	1
字数	210 千字
版次	2016 年 4 月第 1 版
印次	2016 年 4 月第 1 次印刷
定价	39.00 元

本书如有印装质量问题请直接寄承印厂调换

厦门大学出版社
微信二维码

厦门大学出版社
微博二维码

前　言

　　期权和标的资产之间具有明显的非线性关系,而且这种非线性关系还随着时间的变化而不断变化,因此,长期以来期权的定价和风险管理在学术界一直是金融学者们研究的高难度课题之一。1973 年,在期权领域的标志性研究——"Black-Scholes-Merton"模型(BSM 模型)的发表被华尔街称为金融学历史上的第二次革命。与大多数其他重量级研究相比,BSM 模型能够被称为"革命"不仅取决于其理论高度,更重要的原因在于它和华尔街的第一次革命——"资产选择理论"一样成为金融市场上的交易员在实际操作中不可或缺的工具。学术价值和实际应用商业价值的高度统一也为 BSM 模型赢得了1997 年的诺贝尔经济学奖。自从 1973 年该模型发表之后,学术界开始出现大量各式各样的期权定价模型,这些模型屡屡突破常人的逻辑思维一步步将期权定价带向更加数理、更加复杂的领域。到了 21 世纪初,学者们已经将各种各样的统计方法、物理模型、工程算法等学科的方法带入了期权定价模型中,与此同时,市场上的衍生品也越来越复杂。

　　20 世纪 90 年代之后期权市场上期权的业务日益繁荣,在学术界关于期权的研究不断深入之时,复杂模型带来的隐患却逐渐暴露出来。事实上,在一些金融危机中,也不乏衍生品和复杂模型的身影,比如,1998 年的 LTCM 事件和 2008 年的次贷危机。于是,学者们开始思考模型的复杂性所带来的风险。从理论上说,越复杂的模型所涉及的参数也越多,那么模型的估计也就越不稳定,当发生极端情况时可能出现的不确定性就越大。因此,本书以模型复杂性所带来的模型风险为切入点,研究了模型风险的度量、在极端情况下的跳跃风险以及跳跃风险等几个议题。

本书的部分内容来自本人博士论文以及后续修改,在写作过程中本书得到了厦门大学金融系郑振龙教授、陈蓉教授的悉心指导和鼓励。本书的出版得到厦大出版社的大力支持,在此表示衷心感谢。此外,本书得到了国家自然科学基金(71401144)的资助。由于作者水平有限,成书匆忙,因此,文中难免有疏漏之处,欢迎读者多提宝贵意见。

作   者
2015 年 10 月于厦门

目　录

1

导　论

1.1　研究主题与研究意义

众所周知,在金融衍生品的定价和风险管理中,定价模型起着至关重要的作用。金融学家 Robert Merton 和 Myron Scholes 正是凭借着他们在 20 世纪 70 年代提出的股票欧式期权定价模型获得了 1997 年的诺贝尔经济学奖。然而,如果所使用的模型与真实情形相去甚远,会给衍生品的定价、风险管理乃至整个金融市场带来怎样的风险? 这是一个研究者和市场参与者永远无法完全回避,却又总是试图忽视的问题——模型风险①。而这正是本书的研究主题。

随着国际金融市场的发展,模型风险越来越成为一个无法回避和不能忽视的问题。在现实市场中,金融资产收益率不仅经常呈现出短暂记忆性、尖峰厚尾、跳跃、长期周期性等一系列与几何布朗运动相悖的特征,人们还常常发现有很多其他未考虑到的风险源可能对资产价格产生影响,而且这些风险源

---

① 在模型风险中,影响最大也最复杂的是跳跃风险,因此本书在提出模型风险研究的新视角和新方法之后,专门针对跳跃风险和跳跃风险溢酬进行了深入研究。

1

的影响往往还是时变的,比如波动率风险、相关性风险等等。这些都可能对衍生品的定价、风险管理甚至整个国际金融市场的平稳运行产生严重的影响。从大处说,从 LTCM 事件[①]到次贷危机[②],近年来国际金融市场上的金融危机常常与模型风险有所关联;从小处看,国际市场上的金融机构几乎天天都要使用模型为出售的衍生品定价,并基于模型实施风险对冲,其交易盈亏和风险暴露均对模型风险高度敏感。

然而,在学术研究和实际市场操作中,人们却常常试图忽视模型风险。之所以如此,是因为这一问题过于复杂。当模型本身已经足够麻烦时,如果再考虑模型风险,似乎令人难以招架。更重要的是,金融是对未来的投资,人类即使能用计量方法估计出尽可能拟合历史数据的模型,也永远无法预知未来资产价格所服从的真实随机过程和适用的真实定价模型。这正是为什么在国际金融界所使用的衍生品定价和分析系统中,迄今为止仍以 Black-Scholes-Merton 模型(Black and Scholes (1973)[1], Merton (1974)[2])为主(以下简称BSM 模型)。

但并非没有研究者试图在模型风险的领域展开探索。最常见和最悠久的一个发展方向是,不断根据历史数据中发现的市场特征对已有模型加以改进。随机波动率模型(Heston (1993)[3])、局部波动率模型(Dupire (1994)[4])、随机波动率跳跃模型(Bates (1996)[5])等就是这个发展方向上的杰出成果。但这个研究方向迫切需要解决一个问题:如何度量这些模型的模型风险,并从中筛选出最接近真实状况的模型? 因此,另一个研究方向开始发展起来:研究者们利用各种统计工具去估计不同模型和真实模型的差异,以此来判断模型的可靠性(如 Bakshi,Cao and Chen (1997)[6])。然而,这个研究方向有其无

---

① LTCM 事件的导火线是所使用的模型中未考虑国家信用风险因素。

② 一般认为,在次贷危机之前,在国际金融界所使用的 CDS 定价模型中,相关系数设定不合理,对次贷危机具有推波助澜的不良影响。

法克服的内在缺陷：首先，由于无法得知未来世界里的真实模型，这种估计本身可能就是不可靠的；其次，那些基于似然值和残差平方和等指标得到的结论尽管在样本内具有统计意义，但却往往不具有经济意义，无法与金融机构衍生品交易账户的盈亏一一对应，从而不具有可操作性。

正是立足于这样的研究现状和市场现实，本书对衍生品模型风险这一高度复杂的问题进行了新的探索，试图找到一个更好的研究切入点，使其既能在理论上与已有的研究和成果相承接，又能与金融机构的衍生品实际操作相联系，从而在模型风险研究领域有所创新和突破。同时，由于在模型风险中最重要也最复杂的风险是跳跃风险，且人们对跳跃风险的研究至今未取得很大的进展，因此在提出模型风险研究的新视角和新方法之后，本书专门针对跳跃风险和跳跃风险溢酬进行了深入的研究。

由于是新思路和新方法，本书的研究还不够成熟和全面。但从学术意义上来说，本书的研究是在资产定价的主流理论框架下发展起来的，又与现有的研究成果相承接，相信本书的研究思路和结论应能为现有的衍生品定价与复制的模型风险、跳跃风险乃至更为一般的资产定价理论研究提供一定的有益补充和启发；而从实践意义上来说，本书是将模型风险研究与金融机构的衍生品实际操作账户盈亏相联系的著作，书中基于理论推导所提出的数值模拟和实证研究方法均可被市场参与者用于现实需要，具有可操作性；而对中国市场而言，在期权市场发展刚起步的大背景下，以往的经验表明，在国外市场上发展起来的定价模型在中国市场上很可能出现"水土不服"的现象。换言之，中国衍生品市场出现模型风险的可能性很大，而模型风险的影响必然不小，因此模型风险的研究对中国金融市场乃至经济发展的现实意义不言而喻。

1.2　研究内容与研究方法

1.2.1 模型风险的新定义和研究新视角

本书的研究和创新源于对衍生品"模型风险"的新定义和新视角。在介绍本书的研究内容、逻辑框架和研究方法之前,必须先对这一定义及其缘由加以解释。

在本书中,一个模型的"模型风险"被定义为运用该模型对衍生品进行复制带来的"复制误差",而该"复制误差"进一步被定义为"运用该模型计算得到的衍生品初始定价与复制成本之间的差异"。

从直觉上说,要估计模型风险的大小,就是将我们所使用的模型和真实模型进行比较。但在真实模型未知时,这一比较是无法进行的。因此,我们不得不寻找更具有可行性和经济意义的新定义和新视角。上述"模型风险"与"复制误差"的定义正是来源于衍生品市场的市场生态。在金融衍生品中,期权类衍生品(包括普通期权、奇异期权和相应构造出来的结构型产品等)[①]的产生和发展对国际金融市场和经济带来了革命性的影响,因此被称为"期权革命"。但也正是期权类衍生品对模型依赖最大,相应的模型风险也最大。期权类衍生品的最大特征是其回报的不对称性:期权买方损失有限,收益空间很大;期权卖方则收益有限,损失空间很大。因此从本质上说,如果没有做市商制度或是专业的金融机构出售期权,市场上买期权的力量会远远大于卖期权的数量,

---

① 在国际金融市场上,人们有时甚至不把远期、期货和互换等线性的衍生产品纳入衍生品的范畴,谈及衍生品时,常常仅指非线性的期权类产品。本书中的"衍生品"其实主要也是指期权类产品。

期权市场就会失衡并出现问题①。而这些做市商和专业金融机构对净衍生品空头的做法是：基于一个定价模型制定出衍生品价格，并以此为基准加上一点利润空间出售衍生品，然后通过复制进行风险对冲，最终获取售价与复制成本之差作为利润。而本书中所定义的复制误差正是"衍生品初始定价与复制成本之差"，可以直接与现实中金融机构的衍生品交易账户盈亏相对应②。

那么，如此定义的"复制误差"可以用于刻画"模型风险"吗？答案是肯定的，其基本逻辑是：如果这些做市商和专业金融机构使用的是真实模型，由于真实模型完全精确地刻画了资产价格的随机过程，根据真实模型进行复制，初始定价必定等于复制成本，复制误差就会为 0；但由于无法得到真实模型，这些做市商和专业金融机构只能根据历史数据和经验采用近似的模型进行定价和复制。由于近似模型不完全符合资产价格的现实过程，运用近似模型在现实中进行复制，必然导致复制成本与初始定价之间出现差异，即复制误差。由于我们在意的是比较不同近似模型之间的相对模型风险，而非各个近似模型的绝对模型风险，因此复制误差的大小和稳健性可以用于评估不同模型风险的相对大小。

总之，本书中的"模型风险"可以解释为：一个模型能在多大程度上通过复制来证明其定价的合理性。通俗地说，即这个模型能否"自圆其说"。一个能够通过复制完全"自圆其说"的衍生品定价模型，就是真实模型，反之则为近似模型。"自圆其说"的程度越低，模型准确性越低。因此，判断模型好坏的一个办法就是检验多个时间段内不同近似模型的累积复制误差的性质。

---

① 尽管权证与期权并不完全相同，但 2007 年前后中国权证市场上出现的非理性投机行为很大程度上正是源于整个市场买卖生态的失衡。

② 衍生品的初始售价通常包含模型定价和利润空间等成分，因此金融机构的衍生品交易账户盈亏不是和复制误差绝对对应的，因为其中还包含利润空间等成分。但金融机构显然是知道自己的模型初始定价的，因而可以从交易账户盈亏中计算出复制误差。

本书对"模型风险"的定义实际上是受 Rebonato（2003）[7] 启发而来的。Rebonato（2003）[7] 总结了学术界和业界对模型风险的两种定义：一是在当前的信息条件下，用近似模型对衍生品定价所产生的初始定价误差；二是近似模型所对应的复制成本变化与衍生品市场价格变化之间的差异，一些研究者也称之为"复制误差"。

Rebonato（2003）[7] 对模型风险第一种定义的缺陷在于，在真实模型未知的情形下，初始定价误差实际上是无法得到的；第二种定义虽然也从复制的角度考察模型风险，但与本书的"复制误差"定义是不同的，主要体现在：

Rebonato（2003）[7] 对模型风险的第二种定义侧重的是用哪种模型复制，对现实拟合程度更高，是模型与现实的比较，在研究时必须已经有真实的衍生品价格，通过不断拟合来研究模型风险，适合于不断挖掘近似模型的拟合潜力，对当前衍生品已经高度发达的欧美市场较为有效；而本书中定义的"复制误差"侧重的却是模型复制对模型定价的自我解释能力，考虑的是什么模型在市场多变的情况下，能够处变不惊，得到最为稳健的结果，可以通过模拟来考察不同模型的差异，因此本书的研究结果可以适用于当前不存在的衍生品，因而更适合研究奇异期权、结构性产品以及像中国这样期权刚刚开始发展的市场。此外，本书中定义的"复制误差"可以直接与现实中金融机构的衍生品交易账户盈亏相对应，对现实交易更具指导意义和可操作性。

1.2.2 主要研究内容和逻辑框架

基于前述"模型风险"与"复制误差"的定义，本书分别从理论、数值模拟和实证研究的角度对衍生品的模型风险问题进行了研究。

在第 2 章文献综述之后，本书的第 3 章从理论上奠定了全书研究的基础。在这一章中，本书首先论证了将"模型风险"定义为"复制误差"的合理性和优点，然后分别从模型设定偏误、模型参数的随机性和模型未涵盖风险源的影响这三个方面详细考察了模型风险对金融机构衍生品交易账户盈亏(即复制误差)的可能影响。这一章的重要特点是:在资产定价的经典理论框架下,首次将市场上广泛使用的 Delta 复制策略、参数复制策略以及重要的跳跃风险、波动率风险等均纳入了模型风险的分析和考察,得到了一系列或具有现实可行性,或可以进行数值模拟,或可以进行实证研究的结论,为后文的进一步研究奠定了重要的理论基础。

基于第 3 章的理论推导,第 4 章提出了六个研究假说,并进行了相应的数值模拟研究。这一章的主要功能有二:第一,用数值模拟证实第 3 章得到的结论。具体而言,考察和比较了不同近似模型在不同复制策略下的复制误差和模型风险,也考察了各种因素(如跳跃风险的存在和变化等)对复制误差和模型风险可能产生的影响。第二,为模型风险和复制误差的数值模拟研究提供研究方法和研究示例。

由于在前几章的研究中发现,如果标的资产价格存在跳跃但却在模型中被遗漏,将会造成严重的模型风险,也就是说,跳跃风险可能是导致模型风险的最重要因素之一,因此本书的第 5 章和第 6 章分别针对美国期权市场和中国股票市场的跳跃风险和跳跃风险溢酬问题进行了实证研究。鉴于美国已有发达的期权市场,第 5 章的研究承袭前几章的研究思路,用 Delta 对冲组合[①]研究了美国股指期权中隐含的跳跃风险和跳跃风险溢酬问题,考察美国股票市场上是否存在跳跃风险问题。而针对中国还没有期权市场的现状,第 6 章独辟蹊径,首先在随机贴现因子和资产定价经典理论的框架下,证明了从衍生品市场上估计得到的跳跃风险溢酬和用 Fama-MacBeth 两步法[②]从标的资产市场上估计得到的跳跃风险溢酬在理论上的等价性;即,仅利用标的资产市场的价格信息,我们同样可以考察模型风险的重要来源——跳跃风险。在此基

---

① 我们将在第 3 章中作详细介绍。
② 我们将在第 6 章中作详细介绍。

础上,第 6 章详细地考察了中国 A 股市场的跳跃风险和跳跃风险溢酬问题。
这样,全书实际上从三个角度——数值模拟、基于期权数据 Delta 复制的研究
角度,基于标的资产数据的系统性风险研究角度,较为全面而深入地考察了跳
跃风险问题。图 1.1 为全书逻辑框架图。

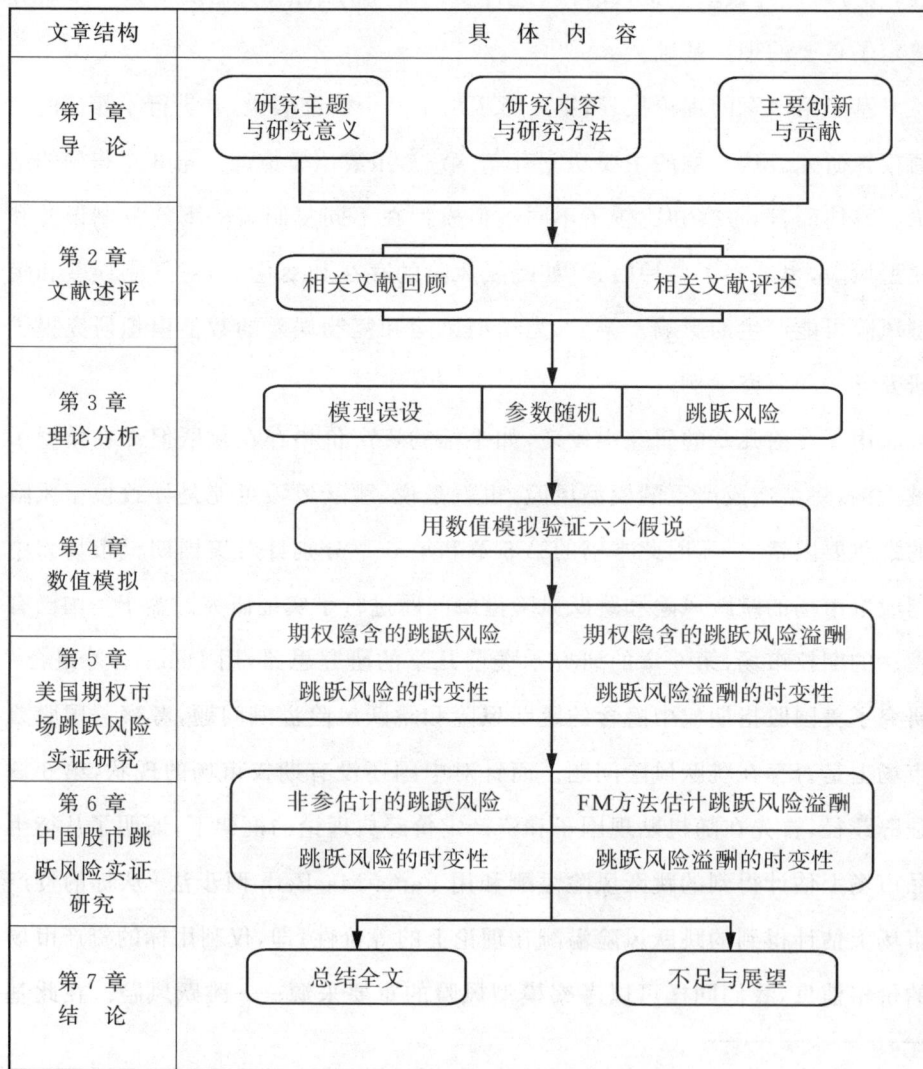

文章结构	具　体　内　容
第 1 章 导　论	研究主题 与研究意义　　研究内容 与研究方法　　主要创新 与贡献
第 2 章 文献述评	相关文献回顾　　　　相关文献评述
第 3 章 理论分析	模型误设　参数随机　跳跃风险
第 4 章 数值模拟	用数值模拟验证六个假说
第 5 章 美国期权市 场跳跃风险 实证研究	期权隐含的跳跃风险　　　期权隐含的跳跃风险溢酬 跳跃风险的时变性　　　跳跃风险溢酬的时变性
第 6 章 中国股市跳 跃风险实证 研究	非参估计的跳跃风险　　　FM方法估计跳跃风险溢酬 跳跃风险的时变性　　　跳跃风险溢酬的时变性
第 7 章 结　论	总结全文　　　　不足与展望

图 1.1　全文逻辑框架图

总之,在理论上提出模型风险的新定义和新研究思路之后,限于篇幅和研究的高度复杂性,本书尚未对所有相关问题都进行深入的研究,而是主要针对市场最常用的 Delta 复制策略、参数复制策略等进行了数值模拟分析,对最重要的模型风险——跳跃风险进行了数值模拟分析,并分别用美国期权数据和中国股票数据进行实证分析。

1.2.3 研究方法与相关技术

本书的研究涉及理论推导、数值模拟和经验研究三个领域。其中,在理论推导部分主要应用了资产定价经典理论(如随机贴现因子)、衍生品定价、测度论、随机过程、偏微分方程等领域的方法和技术;数值模拟部分在理论分析的基础上,进一步采用了非线性最优化技术、蒙特卡洛模拟技术和比较静态分析的方法;经验研究则主要使用了非参数估计、Fama-French 风险因子构建法、Fama-MacBeth 两步法、包络回归等方法和技术。表 1.1 对本书各章所使用的主要研究方法和相关技术进行了总结。

表 1.1　本书使用的主要研究方法与相关技术

章节	主要研究方法与相关技术
第 3 章 理论分析	资产定价经典理论、衍生品定价理论、测度论、随机过程、偏微分方程
第 4 章 数值模拟	非线性最优化技术、蒙特卡洛模拟技术和比较静态分析
第 5 章 美国股市跳跃 风险实证研究	基于第 3 章结论的回归分析
第 6 章 中国股市跳跃 风险实证研究	非参数估计、Fama-French 风险因子构建法、Fama-MacBeth 两步法、包络回归

1.3 本书的主要创新与贡献

如前所述,由于模型风险是高度复杂的研究领域,本书在理论上提出模型风险的新定义和新研究思路之后,先选取其中的重要问题——跳跃风险进行了较为全面和深入的分析,尚未对模型风险的所有问题进行深入考察。但由于本书探索了一个与现有的国内外研究不同的新的研究思路,因此在理论和研究方法上均有所突破和发展,主要的创新和贡献如下:

第一,本书最重要的创新是提出了一个衍生品"模型风险"的新定义和新视角。细读全书的读者可以看到,这个新的研究视角既能在理论上与现有的经典理论和研究成果相承接,又能与金融机构的衍生品实际操作相联系,是在经典资产定价理论框架下的一个新发展,又具有可操作性和经济意义,其巧妙规避了真实模型不可知的障碍,在理论和实践中初步搭建起了一座桥梁,可以为现有的衍生品定价、风险管理、模型风险乃至更为一般的资产定价理论研究提供一定的补充和启发。

第二,本书的另一个理论贡献在于,本书第 6 章首次借助随机贴现因子的一般框架清晰证明了从衍生品价格中提取得到的风险溢酬(用测度转换的方法)和从标的资产价格中估计得到的风险溢酬(用 Fama-MacBeth 两步法)之间的理论关系,第一次将两种研究思路和方法统一在一起,提出了在缺乏衍生品市场的情况下,研究者也可以运用标的资产的价格信息对模型风险问题进行研究。这一研究思路特别适合中国这种衍生品市场不发达的国家。

第三,本书首次提出跳跃风险和跳跃风险溢酬研究的两大视角:在多维扩散跳跃模型下的期权隐含跳跃风险和 Fama-MacBeth 方法下的股票隐含跳跃风险,这两个研究思路拓展了前人的相关研究,可以为跳跃风险问题的进一步深入全面研究奠定基础。

　　除了以上三个主要创新,本书在各章中还有不少研究思路和研究方法上的小创新,例如:本书首次研究了模型风险与参数复制策略之间的关系、Delta对冲组合的经济含义(第3章),首次提出在研究模型风险时应引入的几个控制变量并证明其有效(第5章),首次运用 Fama-French 的方法构建出三个维度的跳跃风险因子,首次对中国 A 股市场上个股的跳跃风险及其特性、跳跃风险对个股横截面收益的影响、跳跃风险溢酬的系统性和时变性等方面进行了研究(第6章),等等。具体创新都已报告在各章的导论部分中。

2

文献述评

衍生品定价的核心是对标的资产价格行为的数学假设,这方面的研究最早可以追溯到 1900 年 Bachelier (1900)[8] 提出的股票价格服从随机游走假说。之后,为了改进模型的拟合效果,陆续有学者对标的资产价格所服从的随机过程进行了更加复杂的假设。但模型毕竟不是万能的,再复杂的假设也无法完美地描述资产价格的运动,因此,学者们开始研究使用不同衍生品定价模型所带来的风险,而对于这方面的研究又可以分为两类:一类注重理论上的研究,从不确定性角度入手;另外一类更加结合实际,从风险的角度入手。而近些年,随着市场动荡的加剧,学者们逐渐意识到导致模型风险最核心的因素是市场大幅的跳跃,这体现为两点:首先,衍生品从完全市场下的可被完全复制变为不完全市场中的不能被完全复制;其次,由于跳跃风险无法被规避,因此,投资者会对系统性的跳跃风险要求一定的补偿,这种补偿被称为跳跃风险溢酬。因此,学者们对于跳跃风险以及跳跃风险溢酬的研究在近些年不断涌现出来。

针对这些研究情况以及本书的研究,下面将对以往的文献分成三部分进行评述:(1)传统的期权定价模型以及其演进;(2)模型风险的相关研究;(3)跳跃风险以及跳跃风险溢酬的研究。

2.1 传统扩散过程下的期权定价与复制

我们首先回顾两个最为经典的扩散模型,即 BSM 模型(Black and Scholes (1973)[1],Merton (1974)[2])和 Heston 模型(Heston (1993)[3])。在这两个模型中,标的资产价格分别蕴含一个和两个风险源,因此,相应的对冲策略也有所不同。实际上,只要其他模型连续扩散的风险源小于或等于两个,它们的对冲原理就和 BSM 模型以及 Heston 模型类似,只是由于模型设定不同,具体的对冲比率会有所差异。下面,我们就先对最为经典的 BSM 模型和 Heston 的 SV 模型进行简要回顾,目的在于比较风险源个数不同时复制策略的差异。

2.1.1 Black-Scholes-Merton 模型

期权定价理论的兴起以 Black and Scholes (1973)[1] 的 BS 公式以及 Merton (1974)[2] 发表的公司债定价的论文为标志,他们将债券看成公司资产与权益之差。并且,由于存在有限责任制度,当公司价值低于债务价值时,股东没有义务偿还高出公司价值的债务。因此,股票可以被看成是一个典型的或有索取权,可以用期权定价理论进行定价。

假设公司的价值服从几何布朗运动

$$dS_t = uS_t dt + \sigma S_t dW_t$$

在 BSM 模型中,无套利是最为重要的定价思想。无套利定价的思想认为,由于期权的风险源来自股票,因此,通过期权与一定数量的股票可以构造

出一个瞬时无风险组合,即

$$dC - \frac{\partial C}{\partial S}dS = r\left(C - \frac{\partial C}{\partial S}S\right)dt \tag{2.1}$$

式(2.1)表明这个组合在极短的时间内所要求的收益率为无风险利率。实际上,式(2.1)也意味着一份期权用$\frac{\partial C}{\partial S}$份的股票进行复制。

既然期权是股票的衍生品,那么它的价格必然是股票的函数,因此,我们对期权价格使用伊藤引理可以得到

$$dC(S,t) = \frac{\partial C}{\partial S}dS + \frac{\partial C}{\partial t}dt + \frac{1}{2}\frac{\partial^2 C}{\partial S^2}\sigma^2 S^2 dt \tag{2.2}$$

联立(2.1)与式(2.2)可以得到偏微分方程

$$\frac{\partial C}{\partial t} + \frac{1}{2}\frac{\partial^2 C}{\partial S^2}\sigma^2 S^2 + rS\frac{\partial C}{\partial S} = rC \tag{2.3}$$

式(2.3)加上边界条件进行求解,就能得到式(2.4)看涨期权价格的结果。

$$C = S_0 N(d_1) - K e^{-r(T-t)}N(d_2) \tag{2.4}$$

其中

$$d_1 = \frac{\ln(S/K) + (r + \sigma^2/2)(T-t)}{\sigma\sqrt{(T-t)}}$$

$$d_2 = d_1 - \sigma\sqrt{(T-t)}$$

之后,不少学者又从其他角度证明了期权定价理论,比如 Harrison and Kreps (1979)的鞅定价[9];Cox,Ross and Rubinstein (1979)[10]的简化二叉树定价方法。

2.1.2 Heston 模型

建立 BSM 模型后,学者们对市场上的期权价格进行检验,发现 BSM 模

型中标的资产的连续复利收益率服从正态分布的这个假设与市场上的真实情况并不吻合（Rubinstein（1985）[11]，Lamoureux and Lastrapes（1993）[12]）。之后，学者们将 BSM 模型中的波动率扩展为随机波动率（Hull and White（1987）[13]，Heston（1993）[3]）。其中，Heston（1993）[3] 的模型较为一般化，它的形式为

$$
\begin{aligned}
\mathrm{d}\ln S &= u\,\mathrm{d}t + \sqrt{V(t)}\,\mathrm{d}W_1 \\
\mathrm{d}V &= (\kappa - \theta V)\,\mathrm{d}t + \omega\,\sqrt{V(t)}\,\mathrm{d}W_2 \\
\mathrm{d}W_1\,\mathrm{d}W_2 &= \rho\,\mathrm{d}t
\end{aligned}
\tag{2.5}
$$

而一个执行价格为 K 的普通看涨期权的价格必须通过傅立叶变换得到：

$$
C = \mathrm{e}^{-r\tau}\left[\frac{1}{2}(F-K) + \frac{1}{\pi}\int_0^\infty (Ff_1 - Kf_2)\,\mathrm{d}u\right]
\tag{2.6}
$$

其中

$$
f_1 = \mathrm{Re}\left(\frac{\mathrm{e}^{-iu\ln K}\varphi(u-i)}{iuF}\right)
$$

$$
f_2 = \mathrm{Re}\left(\frac{\mathrm{e}^{-iu\ln K}\varphi(u)}{iu}\right)
$$

上式中 $\varphi(u)$ 为 $\ln S_T$ 的特征函数，F 为标的资产的远期价格：

$$
\varphi(u) = E(\mathrm{e}^{iu\ln ST}) = \mathrm{e}^{C(\tau,u)+D(\tau,u)v_0+iu\ln F}
$$

$$
C(\tau,u) = \frac{\kappa\theta}{\omega^2}\left\{(\kappa - \rho\omega ui + \mathrm{d}(u))\tau - 2\ln\left(\frac{c(u)\mathrm{e}^{\mathrm{d}(u)\tau}-1}{c(u)-1}\right)\right\}
$$

$$
D(\tau,u) = \frac{\kappa - \rho\omega ui + \mathrm{d}(u)}{\omega^2}\left\{\frac{\mathrm{e}^{\mathrm{d}(u)\tau}-1}{c(u)\mathrm{e}^{\mathrm{d}(u)\tau}-1}\right\}
$$

$$
c(u) = \frac{\kappa - \rho\omega ui + \mathrm{d}(u)}{\kappa - \rho\omega ui - \mathrm{d}(u)},\ \mathrm{d}(u) = \sqrt{(\rho\omega ui - \kappa)^2 + iu\omega^2 + \omega^2 u^2}
$$

$$
\tau = T - t
$$

$$
F = S_t\,\mathrm{e}^{r(T-t)}
$$

在 Heston（1993）[3] 的假设下,标的资产中含有两个风险源,一个风险源来自收益率,而另外一个风险源来自波动率。这样,运用伊藤引理可以发现,衍生品的价格服从的随机过程可以表示为:

$$dC(S,t) = \frac{\partial C}{\partial t}dt + \frac{\partial C}{\partial S}dS + \frac{\partial C}{\partial V}dV + \frac{1}{2}\frac{\partial^2 C}{\partial S^2}VS^2 dt +$$

$$\frac{1}{2}\frac{\partial^2 C}{\partial V^2}\omega^2 V dt + \rho\omega\frac{\partial^2 C}{\partial S\partial V}SV dt \qquad (2.7)$$

与 BSM 模型类似,我们可以用一个组合把标的资产中的 W_1 这个来自收益率的风险源对冲掉,即

$$dC(S,t) - \frac{\partial C}{\partial S}dS = \frac{\partial C}{\partial t}dt + \frac{\partial C}{\partial V}dV + \frac{1}{2}\frac{\partial^2 C}{\partial S^2}VS^2 dt +$$

$$\frac{1}{2}\frac{\partial^2 C}{\partial V^2}\omega^2 V dt + \rho\omega\frac{\partial^2 C}{\partial S\partial V}SV dt$$

$$= \left[\frac{\partial C}{\partial t} + \frac{1}{2}VS^2\frac{\partial^2 C}{\partial S^2} + \frac{1}{2}\omega^2 V\frac{\partial^2 C}{\partial V^2} + \rho\omega SV\frac{\partial^2 C}{\partial S\partial V}\right]dt +$$

$$\frac{\partial C}{\partial V}\left[(\kappa - \theta V)dt + \omega\sqrt{V}dW_2\right] \qquad (2.8)$$

仔细观察上式,我们可以发现进行对冲后的组合仍然存在风险源 W_2,因此,组合 $C - \frac{\partial C}{\partial S}S$ 就不能只获得无风险收益了,如果假设方差风险 V 的风险溢酬为 $\lambda dt = \gamma\text{cov}\left(dV, \frac{dConsumption_t}{Consumption_t}\right)$（Breeden（1979）[14], Heston（1993）[3]）,则组合 $C - \frac{\partial C}{\partial S}S$ 所获得的报酬应该为 $r\left(C - \frac{\partial C}{\partial S}S\right)dt + \lambda\frac{\partial C}{\partial V}dt$,也就是式（2.8）中的漂移项应等于 $r\left(C - \frac{\partial C}{\partial S}S\right)dt + \lambda\frac{\partial C}{\partial V}dt$,即

$$\left[r\left(C - \frac{\partial C}{\partial S}S\right) + \lambda\frac{\partial C}{\partial V}\right]dt$$

$$= \left[\frac{\partial C}{\partial t} + \frac{1}{2} VS^2 \frac{\partial^2 C}{\partial S^2} + \frac{1}{2} \omega^2 V \frac{\partial^2 C}{\partial V^2} + \rho \omega SV \frac{\partial^2 C}{\partial S \partial V} + \frac{\partial C}{\partial V} (\kappa - \theta V) \right] \mathrm{d}t$$

经过整理,我们可得

$$\frac{\partial C}{\partial t} + \frac{\partial C}{\partial S} rS + \frac{1}{2} VS^2 \frac{\partial^2 C}{\partial S^2} + \frac{1}{2} \omega^2 V \frac{\partial^2 C}{\partial V^2} + \rho \omega SV \frac{\partial^2 C}{\partial S \partial V} + \frac{\partial C}{\partial V} (\kappa - \theta V - \lambda) - rC = 0$$

$$(2.9)$$

偏微分方程表明,当期权受到两种风险的影响时,期权与标的资产的组合不能完全将两个风险源完全对冲掉,因此,剩余的一个风险源将就其所对应的风险头寸要求一定的风险回报,在式(2.9)中即为 $\lambda \frac{\partial C}{\partial V}$,是随机波动率所对应的风险报酬。

由 Heston (1993)[3] 的随机波动率模型可知,当标的资产中隐含着两个或者两个以上的风险源时,完美的复制是不可能实现的,复制之后的头寸还隐含着其他风险的风险溢酬。

虽然通过对标的资产的对冲无法分散期权中隐含的其他风险源的风险,但是只要风险源是连续的扩散过程,期权的所有风险就可以通过期权组合进行对冲。关于这点,我们将在之后对模型风险的讨论中详细说明。

2.2　模型不确定性、模型风险及评述

之前的回顾表明,在期权定价领域存在着各种各样的模型,而不同模型的应用将对期权的定价与复制产生极大的影响。在欧美等发达的国家,已经证实期权定价模型的差异会给定价和复制带来很大的误差,从而给交易员的对冲交易带来巨大风险。那么我们推想在并不成熟的中国市场上推出期权时,

模型对期权定价和复制的影响将更加显著,如何选择模型并规避模型风险将更加重要。

在以往的研究中,在假定使用的模型与真实模型不一致的情况下,学者们对多个备选模型带来影响的研究主要分为两类:模型不确定性(model uncertainty)与模型风险(model risk)。关于不确定性的研究是基于 Knight (1921)[15]的理论框架,在不确定性的世界中各个事件发生的概率是未知的,决策者的行为不遵循贝叶斯法则。一些学者倾向于在不确定性的框架下研究真实模型未知时出现的问题,即所谓的模型不确定性。但这类研究在衍生品定价与复制领域基本不具有实际操作性。除此之外,本章还将在下面指出,在期权市场上不确定性厌恶会由于无风险套利的操作而消失。关于风险的研究是基于 Savage (1954)[16]的经典框架,在这个框架中决策者的行为遵循贝叶斯法则。Derman (1996)[17]在 20 世纪 90 年代提出了期权定价模型风险的相关研究。不少统计学家运用统计学的方法对模型风险进行研究,如 Hoeting, Madigan and Raftery (1999)[18]以及 Clyde and George (2004)[19],但他们的研究对于实际操作中的期权定价与复制,尤其是期权的复制,并没有很大的实际意义,而且与无套利定价的思想不相容。在下文中,本人首先依据以往文献将模型风险与模型不确定性的来源进行整理;其次,对模型差异在不确定框架下的研究进行回顾,并指出其缺陷;最后,再对模型在风险框架下的研究进行回顾,并指出其不足。

2.2.1 模型风险与模型不确定性的来源

在金融领域,模型风险的研究从 1996 年开始(Derman (1996)[17])。Derman 指出,在金融中,模型作为一种"高级玩具"只能描述现象而不能描述问题的本质,模型的错误可能来自多个方面:

(1)漏掉一些有解释力的因子。

(2)将原本是随机的数假设成确定的数。

(3)错误的假设,比如某个因子被假设成一个错误的动态过程。

(4)模型仅适用于某个时期,不适用于其他时期。

(5)模型只适用于理想的世界,不适用于现实有摩擦的世界。

(6)虽然原理上正确,但在极短时间段内与现实不相符。

(7)尽管模型正确,但模型的输入变量估计错误。

(8)虽然模型本身是理性的,但是真实世界是不理性的。

这些都是模型风险的来源,虽然许多模型都在尽力放松相关假设并且力图更加完美地刻画现实世界,但在金融领域,无论多复杂的模型也无法精确地预测未来,这和其他的学科,比如物理,对模型的使用差别很大。正是这个原因,使得模型以及模型风险的研究在金融中显得尤其重要。

与 Derman (1996)[17] 相比,Cont (2006)[20] 分析了模型不确定性的本质、度量,及其对定价的影响。他列出了影响模型不确定性的相关因素以及管理模型不确定性的相应对策:

(1)在一个流动性很好的期权市场上,模型不确定性几乎是不存在的。

(2)模型不确定性的测度需要一个和模型无关的对冲策略来衡量。如果某种金融工具可以通过与模型无关的方法进行复制,则这种金融工具就不会有模型不确定性;如果金融工具能够部分地由模型无关的方法进行复制,那么就可以减少对其进行定价的模型的不确定性。

(3)若某些衍生品在市场上具有较大的流动性,则它们可以被复制成更复杂的衍生品。典型的例子是普通期权可以作为奇异期权的对冲工具(如障碍期权的静态复制)。流动性越好,则复制的可能性就越高,模型的不确定性就越小。

(4)度量模型的不确定性必须通过模型的理论价格和市场的实际价格相比较得出。

Cont 比 Derman 更加详细地论述了市场上真实模型未知时近似模型所

面临的不确定性如何。其中(3)和(4)实际上意味着,我们能够找到一些静态复制策略来确定模型不确定性的边界,比如,在给障碍期权定价时就可得到该边界。然而,(4)的说法还有待商榷,因为市场上模型不确定性较大的产品一般是流动性较差或者是 OTC 产品,而这些产品的市场价格恰恰是最缺乏有效性的,这也就是为什么不能用这类产品进行模型的参数校准的原因之一。因此,通过与市场上的价格比较来得出流动性较差的衍生品的模型不确定性的做法本身就是一个悖论,这是本书所要克服的难题。下一章将通过把衍生品的初始价格与交易员对其进行对冲所需的复制成本相比较所得到的复制误差作为衡量模型风险的标准来解决这一问题。

虽然在细节上存在着一些问题,但是 Derman 和 Cont 的研究仍然很直观地描述了模型风险以及复制过程中可能产生误差的原因,大多是来源于理论上过于严格的假设,或者是对具体市场微观结构方面细节的忽略。学术上常常为了能够得到一个具有良好性质的解析解,而忽略对这类问题的研究。但在真实的交易中往往是这些市场摩擦以及严格的假设导致理论模型的实际效果大打折扣。在本书中,我们将着重考虑真实模型未知所带来的挑战。

2.2.2 模型不确定性与期权定价

早期,在风险框架下研究金融问题是金融学的主流,而不确定性的研究方法对于风险的挑战源自一个著名的实验——Ellsberg 实验。Ellsberg (1961)[21]在实验中发现了人们在决策时违反萨维奇公理(Savage axiom),并将该现象称为 Ellsberg 悖论。Ellsberg 悖论描述了这样一个事实,在客观概率未知时,决策者的行为将违背贝叶斯法则,他们的决策将在不确定性的框架下进行。实际上,Ellsberg 悖论表明决策者厌恶客观概率未知时选择所带来的不确定性(ambiguity aversion)(Gilboa and Schmeidler (1989))[22]。不少学者(如 Routledge and Zin,(2001)[23],Cont (2006)[20])都系统地研究了模型的不确定性,并倾向于使用不确定性框架下的最差情况方法(worst-case approach)来刻画模型的不确定性。Gilboa and Schmeidler (1989)[22]曾经提出用最大化最小期望效用函数(maxmin utility function)来研究不确定性。实际上,最差情况方法意味着衍生品的交易者效用函数为最大化最小期望效用函数,他们会在无法确定正确模型的情况下做最坏的打算,即选择表现最差的模型对衍生品进行定价,从而得到一个最保守的产品价格。

Cont (2006)[20]在 Gilboa and Schmeidler (1989)[22]的最大化最小期望效用函数的框架下给出了度量模型不确定性的一致风险度量(coherent risk measure),该度量满足:单调性、额外的现金收益不改变原资产风险、次可加性和齐次性[①]。$\mu_Q(X)$表示对模型不确定性程度的度量:

$$\mu_Q(X) = \bar{\pi}(X) - \underline{\pi}(X)$$

其中 $\bar{\pi}(X)$ 表示衍生品定价的上限,$\underline{\pi}(X)$ 表示衍生品定价的下限,它们的表达式如下:

$$\bar{\pi}(X) = \sup_{M_i \in M} E^{M_i}(X)$$

$$\underline{\pi}(X) = \inf_{M_j \in M} E^{M_j}(X) = -\bar{\pi}(-X)$$

上面的两个式子都具有很强的经济含义。比如,如果 X 是一个衍生品多头的回报(假设不小于零),那么 $-X$ 即为衍生品空头的回报。$\bar{\pi}(X)$ 表示,回报为 X 的衍生品从 M 这个模型集的各个备选模型中算出的最高价格,即对多方而言通过 M 模型集中的最差模型所得到的价格。$-\bar{\pi}(-X)$ 则表示站在空方立场进行定价,$-\bar{\pi}(-X)$ 指对空方而言这个产品的最差价格。因为对空

---

① CONT R.Model uncertainty and its impact on the pricing of derivative instruments [J].Mathematical finance,2006,16(3):519-547.

方而言回报为 $-X$ 的产品必然使得空方定出的价格也为负数,即必须收到 $-\bar{\pi}(-X)$ 的价格,而某个使得 $\bar{\pi}(-X)$ 最大的模型必然使得 $-\bar{\pi}(-X)$ 最小。因此 $\mu_Q(X)$ 实际上为在模型集 M 中,一个完全根据模型进行定价的多方的最高可能出价和一个完全根据模型进行定价的空方的最低可能卖价之间的差额。Cont(2006)[20]根据此得出一个模型不确定性的相对指标

$$MR(X)=\frac{\mu_Q(X)}{\pi_m(X)}$$

其中 $\pi_m(X)$ 为 $\bar{\pi}(X)$ 与 $\underline{\pi}(X)$ 的中值,$MR(X)$ 则代表了模型不确定性在模型定价中所占的比例。Cont(2006)[20]还给出了模型不确定性的凸度量,即

$$\mu_*(X)=\pi^*(X)-\pi_*(X)$$

其中

$$\pi^*(X)=\sup_{M_i \in M}\{E^{M_i}(X)-\|C^*-E^{M_i}[H]\|\}$$
$$\pi_*(X)=-\pi^*(-X)=\inf_{M_i \in M}\{E^{M_i}(X)+\|C^*-E^{M_i}[H]\|\}$$

这里 C^* 和 H 分别代表市场上用来进行参数校准的衍生品和该衍生品的回报,$E^{M_i}[H]$ 代表按照某个模型算出来的该衍生品的价格,而 $\|C^*-E^{M_i}[H]\|$ 为校准误差的范数。以校准的误差(calibration error)作为惩罚函数(penalty function),使得该风险测度考虑了校准的准确性。

2.2.3 不确定框架下的研究方法在衍生品研究上的缺陷

结合前面的回顾,可以发现实际上 Cont 是用最差情况方法对模型的不确定性进行研究的。但是,这种风险度量对衍生品定价的影响仅适合于满足最大化最小期望效用函数的极度风险厌恶的投资者。这意味着 Cont 给出的是

最保守的风险度量,并且该度量对定价的影响很难评估,最差情况方法甚至可能给予一个普通衍生品非常低的价格。Branger and Schlag (2004)[24]认为:用最差情况方法来分析衍生品价格无异于给股票价格加上一个大于零的约束,在大部分时候是毫无意义的。他们还指出,由于无法得到所有的模型,最差情况方法所得到的风险度量仅仅是在某个备选集合中的最差情况的风险,而不是所有模型的最差情况;并且最差情况方法意味着决策者的风险厌恶系数为负无穷大。除了以上的理由,本书还将给出另外两个原因,从理论上说明不确定性框架并不适合用来研究衍生品。

首先,在不确定性能够被对冲的情况下模型的不确定性不要求溢价。这一点可以用 Ellsberg 的原始实验来说明。

Ellsberg 实验如下:

罐子 1 中有 50% 的红球和 50% 的黑球:

赌局 A——若抽中罐子 1 中的红球,则得到 100 美元;

赌局 B——若抽中罐子 1 中的黑球,则得到 100 美元。

罐子 2 中有 x% 的红球和 (1-x)% 的黑球,x 为未知数:

赌局 C——若抽中罐子 2 中的红球,则得到 100 美元;

赌局 D——若抽中罐子 2 中的黑球,则得到 100 美元。

Ellsberg 发现,人们愿意为赌局 A,B,C,D 所支付的价格呈现如下排序:

　　赌局 A=赌局 B>赌局 C=赌局 D

Gilboa and Schmeidler (1989)[22]认为这样的偏好暗示着赌博者更愿意为概率已知的赌局付费。但若这两个赌局都是可交易的,则 [赌局 A+赌局 B]的价格必须等于[赌局 C+赌局 D]的价格。倘若这两者不同,比如按照 Ellsberg 实验的结果,[赌局 A+赌局 B]更受到偏好,并且赌博者愿意付比 [赌局 C+赌局 D]更多的钱。则市场上的套利者将买进 [赌局 C+赌局 D=

m]并且卖出［赌局 A＋赌局 B＝n］,这样这个套利者就能无风险的获得(n−m)美元。除此之外,只要赌局 C 和赌局 D 都是可交易的,并且不存在交易费用,那么它们价格之和就必须是 100 美元。如果 Ellsberg 的实验成立,那么意味着套利者可以分别买入［赌局 C＋赌局 D］<100 美元,并立刻在两个赌局开始赌博获得 100 美元。因此,在不确定性可以被对冲的时候(如用赌局 D 对冲赌局 C),其将不能够索取溢价。

同样的事情也发生在衍生品市场上。例如回报为现金的两值期权,对于看涨的两值期权来说,股票在行权时价格超过执行价格,则持有者将能够获得 x,否则收益为零;对于看跌的两值期权,行权时价格低于执行价格的,则持有者将能够获得 x,否则收益为零。这样一个看涨和一个看跌的两值期权相加,其价格就必须等于 x。而在单独分析看涨或看跌两值期权的时候,由于股票的真实分布无法得知,则它们的定价将存在着不确定性,但此时不确定性在无套利的假设下无法要求溢价。同样的分析也可以用于回报为资产的两值期权(asset or nothing),例如普通的香草期权(plain vanilla option),无论是看涨还是看跌都可以由两值期权组成,这意味着该期权也无法对不确定性支付溢价。以此类推,许多衍生品都不能为不确定性支付溢价,否则就会产生套利行为。

其次,衍生品市场是一个零和的市场。有多头就一定有空头,有人赚钱就一定也有人亏钱。在不确定性问题上,当买方要求不确定性的溢价时,卖方做出相应的让步,其也面临着不确定性,也要求相应的溢价。因此在一个 OTC 市场上,买卖双方的成交价格就完全取决于他们的议价能力。而最差情况方法显然在此刻是无意义的,因为如果买卖中的一方用最差情况方法定价并进行风险度量,那么他所能接受的报价一定是另一方所不能接受的。所以即使面临股票分布未知所带来的不确定性,我们也不可能对这样的不确定性要求过高的溢价,而最差情况方法仅考虑了单方拥有最大化最小效用函数,而没考虑买卖方博弈的最终均衡价格。这也说明拥有这类效用函数的个人在实际中是无法接受市场上报价的,而衍生品的价格也不会受到这类人的影响。

综上而言,本书认为,在不确定性框架下的研究隐含了一个假设,即投资者是不确定厌恶的,此时,投资者就会要求不确定性溢酬。但实际上,根据之前所说的两点,即衍生品市场的无套利特点①和零和游戏的特点,投资者不可能获得稳定的不确定性溢酬。因此,不确定性的研究框架并不适合衍生品的研究,本书之后的研究将仍然在风险的框架下进行。

2.2.4　模型风险的相关研究

除了在不确定性框架下的研究外,不少学者也在风险的框架上对模型风险进行了具体的研究。他们的研究包括了模型设定误差带来的风险、参数估计错误带来的风险以及模型本身的差异对奇异期权的影响等。

Greenand Figlewski (1999)[25]指出,在用 BSM 模型给期权定价时,波动率的变动反映了模型风险。他们研究了用历史波动率来预测 BS 的隐含波动率时,不同期限的历史波动率和不同的波动率模型的选择对各种金融衍生品定价带来的模型风险。Hull and Suo (2002)[26]指出为了描述市场上的模型风险,在对模型进行校准时就必须使用和交易员一样的连续校准(continual recalibration)的方式来对冲期权。他们检验了在股票的真实过程是随机波动率模型时,运用 implied volatility function(简称 IVF)模型(Dupire (1994)[4])和运用 BSM 模型对奇异期权进行定价所产生的差别。他们发现在对复合期权和障碍期权的定价上,IVF 模型都要优于 BSM 模型。但 IVF 模型在给障碍期权定价时,其误差较大,而在给复合期权定价时,其误差较小,这是由于尽管 IVF 模型能够在一个时点上较为精确的定价,但是却无法捕捉波动率的动态过程。Longstaff, Santa-Clara and Schwartz (2001)[27]认为如果用的模型

---

①　这里的无套利是无模型的,是真实存在的无套利机会。

是错误的,那么即使市场上交易员用的是每日校准模型的方法来设定模型的参数,模型设定的偏误同样会带来较大的定价误差。他们先将多因子的利率市场模型(LIBOR Market Model)作为基准,模拟市场数据,然后运用单因子模型通过每日校准来进行动态复制并对美式互换期权(American style swaption)进行定价。结果表明,单因子模型的每日校准无法弥补动态利率模型的设定偏误。以上学者的研究都证明了,模型的错误设定对定价的影响是不可忽略的,即使模型使用的参数随着信息量的增加而不断更新,错误模型的定价效果也无法很好地逼近真实模型。

Schoutens,Simons and Tistaert(2005)[28]比较了标的资产服从随机波动率模型、随机波动率跳跃模型、variance gamma(VG)、normal inverse gaussian(NIG)等几种过程时,收益与标的资产的 k 阶矩相关,即回报形式为 $\left(\sum_{i=1}^{n}(\log(S_i/S_{i-1}))^k - K\right)^{+}$ [①]的衍生品定价。他们发现标的资产服从不同的过程,将导致收益为标的资产高阶矩的衍生品的不同定价差异。Schoutens,Simons and Tistaert(2005)[28]认为这揭示了为什么很多期权模型在刻画普通期权(vanilla option)的价格时都很相近,但是在为奇异期权定价的时候却产生了极大的差异。他的研究为不同模型之间的定价差异提供了最直接的证据,模型风险是和产品本身的属性有极大关系的,简单的产品使用不同的模型进行定价时,差异较小,而复杂的产品使用不同模型进行定价时,差异较大。产生这种现象的原因在于:

(1)在市场上,简单产品的流动性常常较大,因此可以作为校准的对象,而校准的目标函数本身就要求模型的定价误差较小。

(2)简单产品的回报常常仅与标的资产到期时刻的分布相关。这意味着

[①] 也可以写成 $\max\left(\sum_{i=1}^{n}(\log(S_i/S_{i-1}))^k - K, 0\right)$

即使一个模型无法很好地刻画标的资产在不同时点边缘分布之间的相关关系或者标的资产高阶矩的特点，只要它能够近似描述出到期时点的标的资产价格的分布，就能够较为准确地定价。但这样的模型显然无法精确地给某些复杂衍生品定价，如路径依赖或高阶矩衍生品。

（3）复杂的产品的价格对未来信息的冲击更加敏感，这意味着模型的参数变化可能会过于频繁，模型风险对复杂产品的影响要比对简单产品的影响更大。

Frey（2000）[29]认为在对衍生品进行复制的时候，流动性导致的复制偏差是导致模型风险的一个重要原因。因此 Frey 在假设了对冲行为会对标的价格产生影响后，在 BSM 模型的基础上发展出了考虑流动性因素的期权定价模型。在考虑了流动性的影响后，期权的价格满足一个非线性偏微分方程。Frey 的研究表明，真实市场和理想市场的差异将导致模型的差异。同样，市场上不可忽略的交易费用（Leland（1985）[30]）、无法实现的时间无限可分以及交易带来的时滞等都有可能导致理想市场中的理论模型在真实市场中不适用，从而带来模型风险。

Detlefsenand Härdle（2007）[31]通过比较最小化期权校准函数，发现不同校准函数会对定价产生较大的影响。最小化相对隐含波动率误差而言，其所得到的价格在其他的指标下（最小化绝对价格误差、最小化相对价格误差、最小化绝对隐含波动率误差）表现相对良好并且比较稳定，因此他们认为最小化具有较小的校准风险（calibration risk）。但是，最小化将导致不同模型间的定价差别加大，具有较大的模型风险。而最小化绝对价格误差具有最小的模型风险，但是有最大的校准风险。因此市场上的交易员在选择校准函数时，必须在模型风险和校准风险之间进行权衡。Detlefsen and Härdle（2007）[31]的研究表明，在面对同样的市场数据时，不同的优化目标函数和误差函数的权重等都可能会导致同样的模型在实际复制时出现较大差异。

可以看到，在风险框架下进行的这些研究大多都从某个细节入手，间接地证明了与模型风险以及复制误差相关的要素有哪些。

2.2.5 模型风险的度量

风险度量指标包括方差、离差、期望损失和在险价值等。在对模型风险的度量上,以往的学者曾经使用贝叶斯方法,比如期望价值,来度量模型的风险。本节主要介绍贝叶斯模型平均的方法,并指出它的缺陷。

贝叶斯模型平均的方法是指,用贝叶斯公式得到的概率加权模型,从而完成对模型的选择。它经常被用在各个领域来判断模型风险,其基本思想是建立在贝叶斯公式的基础上的:

$$P(M_i \mid I) = \frac{p(I \mid M_i)P(M_i)}{\sum_{k=1}^{n} p(I \mid M_k)P(M_k)}$$

上述式子的左边 $P(M_i \mid I)$ 代表在信息集(数据)I 下,模型 M_i 是真实模型的概率(模型成立的后验概率)。它可以通过贝叶斯法则得出,其中 M_i 的边际似然率即式子右边的 $p(I \mid M_i)$(即在模型 M_i 成立时产生的数据符合信息集 I 的概率)

$$p(I \mid M_i) = \int p(I \mid \theta_i, M_i)p(\theta_i \mid M_i)\mathrm{d}\theta_i$$

其中 θ_i 为模型 M_i 的参数。

在得到 $P(M_i \mid I)$ 后,衍生品的价格就可以用该权重对不同模型所得到的衍生品价格的期望进行加权:

$$E(X \mid I) = \sum_{i=1}^{n} E(X \mid I, M_i)P(M_i \mid I)$$

其中 $E(X \mid I)$ 表示在信息集 I 下衍生品价格的期望值,$E(X \mid I, M_i)$ 则表示在信息集 I 下用模型 M_i 时计算出的衍生品价格。除了衍生品价格的期望

外,模型风险也可以由不同模型的离散程度即方差表示出来

$$D(X \mid I) = \sum_{i=1}^{n} \{E(X \mid I, M_i) - E(X \mid I)\}^2 P(M_i \mid I)$$

其中 $D(X \mid I)$ 为在信息集 I 下衍生品价格的方差。

然而,以上的贝叶斯模型平均存在一个缺点,即它完全从统计学原理上考虑各个模型的权重和离散程度,并没有考虑在整个衍生品存续期内,模型所建议的对冲策略能否在理论上复制衍生品,因此它脱离了金融衍生品定价的基本思路,即无套利思想。而且,这种方法所计算出的权重在不同市场环境下的稳定性值得怀疑。然而,贝叶斯模型平均的方法在直观上为我们提供了一些避免模型风险的思路,即利用现有模型的某种加权,来逼近真实模型。

Branger and Schlag (2004)[24]在贝叶斯模型平均的框架下把对模型风险的衡量纳入风险管理的框架下。他的复制策略和风险度量指标表明,考虑了模型风险后的复制策略效果要比不考虑模型风险的复制策略效果更稳健,其中,风险指标为期望损失(expected shortfall)。但其仅给出了简单的单期离散的复制策略,并且用期望损失来测量单期复制策略的优劣,并没有讨论复制策略是否合理。如果一个复制策略(在存续期内,各个模型的权重以及参数完全由贝叶斯方法得到)在理论上无法对衍生品进行完全复制,那么无套利原理就无法实现,对衍生品也就无法进行定价。

2.3　跳跃风险与跳跃风险溢酬

由于资产遵循的过程实际上是未知的,因此,在实际建模时,对于模型不易刻画的情况的疏忽是引起模型风险的主要原因。例如,在现实世界中,不仅

仅有连续的扩散风险,还存在着非连续的跳跃风险,而对跳跃风险的忽略就是一种建模失误。跳跃风险主要指的是价格在极短时间内极其剧烈的变动。为了刻画这种价格的剧烈变动,不少学者(Cox and Ross (1976)[32],Merton (1976)[2],Bates (1996)[5],Bakshi,Cao and Chen (1997)[6],Duffie,Pan and Singleton (2000)[33])引入跳跃来刻画股票价格。以下,我们着重回顾几个影响力较大的模型,即 Merton (1976)[2];Bates (1996)[5];Duffie,Pan and Singleton (2000)[33]的模型。

2.3.1 跳跃扩散模型

2.3.1.1 Merton 模型

虽然 Cox and Ross (1976)[32]将跳跃引入了期权定价中,解出了标的服从纯跳跃过程以及标的价格服从漂移加跳跃过程的期权价格的解析解,但在他们的文章中,并没有详细分析在这些过程下如何对期权进行有效的复制,因此,我们在此不详细介绍 Cox and Ross (1976)[32]的文章。

早期具有较大影响力的跳跃扩散模型是 Merton (1976)[2]提出的。在Merton(1976)[2]中,标的资产价格的过程满足

$$\frac{\mathrm{d}S}{S} = (\mu - k\varphi)\mathrm{d}t + \sigma\mathrm{d}W + \mathrm{d}J \tag{2.10}$$

其中,μ 代表了股票的瞬时收益率,而 k 代表了每次跳跃发生时跳跃的期望幅度,即跳跃到来时,跳跃幅度带给股票的瞬时收益率。φ 表示跳跃 $\mathrm{d}J$ 到来的强度,$k\varphi$ 项的作用是补偿跳跃带来的偏离,使得股票的平均收益率仍然为 μ。在这个假设下,Merton 得出了期权价格应该等于

$$F = \sum_{n=0}^{+\infty}\left[\frac{\mathrm{e}^{-\varphi\tau}(\varphi\tau)^n}{n!}C(SY^n\mathrm{e}^{-\varphi k\tau}, X, r, \sigma^2, \tau)\right] \tag{2.11}$$

其中,$C(SY^n\mathrm{e}^{-\varphi k\tau}, X, r, \sigma^2, \tau)$ 代表相应的 BS 公式计算出来的价格。而

$SY^n e^{-\varphi k\tau}$ 代表的是，当发生 n 次跳跃时，BS 公式中的股票价格需要经过实现的跳跃次数的调整。其调整方式为：首先，股价要乘以每次跳跃的收益率 Y 的 n 次方；其次，经过 τ 时间内的预期跳跃幅度的贴现，此处的预期跳跃幅度与真实跳跃次数是无关的；最后，通过对不同跳跃次数在概率上进行加权就得到了 Merton 假设下的期权价格。

从式（2.11）可以看出，Merton 模型中的期权价格是 BSM 价格的调整加权，那么在 Merton 模型的假设下的复制策略是不是也和 BSM 模型有关呢？这个答案是肯定的。Merton 认为，由于跳跃行为主要是个股股价的特异性特征，它是一个非系统性风险，因此，投资者可以通过资产配置充分分散这种跳跃风险。所以，在 Merton 的模型中，跳跃风险不会带来相应的风险溢酬。在这种设定下，使用 Black and Scholes (1973)[1] 的方法，我们依然可以将式（2.10）中的连续的扩散风险给对冲掉。

通过伊藤引理，我们可以得到衍生品价格所服从的随机过程

$$dC(S,t)=\frac{\partial C}{\partial t}dt+\frac{1}{2}\frac{\partial^2 C}{\partial S^2}VS^2 dt+\frac{\partial C}{\partial S}dS+\varphi E[C(SY,t)-C(S,t)] \qquad (2.12)$$

将 dS 展开可以得到，$dC(S,t)$ 漂移项部分为

$$\mu_C = \frac{\frac{\partial C}{\partial t}+\frac{1}{2}\frac{\partial^2 C}{\partial S^2}VS^2+\frac{\partial C}{\partial S}(\mu-k\varphi)+\varphi E[C(SY,t)-C(S,t)]}{C(S,t)} \qquad (2.13)$$

而 $dC(S,t)$ 的波动部分为

$$\sigma_C = \frac{\frac{\partial C}{\partial S}\sigma S}{C(S,t)} \qquad (2.14)$$

由于跳跃风险是非系统性风险，因此，期权中隐含的风险价格只剩下对连续的扩散部分的补偿，它应该和股票中隐含的风险价格一致。故，我们有

$$\frac{\mu_C - r}{\sigma_C} = \frac{\mu - r}{\sigma} \tag{2.15}$$

结合式(2.12)至式(2.15),经过化简我们可以得出

$$0 = \frac{\partial C}{\partial t} + \frac{1}{2}\frac{\partial^2 C}{\partial S^2}VS^2 + (r - k\varphi)S\frac{\partial C}{\partial S} - rC + \varphi E[C(SY,t) - C(S,t)]$$

$$\tag{2.16}$$

因此,Merton 的模型中的思想实际上蕴含着一价定律,其最重要的表现就在于式(2.15)。这个式子的经济含义是:即使风险源不同,但只要其中包含系统性风险的风险源,它们的风险价格仍然是一致的。

2.3.1.2 Bates 的随机波动率跳跃模型[①]

由于 Merton (1976)[2]对于跳跃风险为非系统性风险的假设过于强烈,因此,之后有不少学者对这个假设进行了放松,他们假设跳跃本身可以是系统性风险,并分析在这种假定下期权的定价。比如,Bates (1996)[5]将跳跃加入到了随机波动率模型中,他假设在现实测度下,资产的随机过程服从

$$\frac{dS}{S} = (u - \lambda \bar{k})dt + \sqrt{V(t)}\,dW + k\,dq$$

$$dV = (\alpha - \beta V)dt + \sigma_v \sqrt{V(t)}\,dW_v$$

$$dW\,dW_v = \rho dt$$

$$prob(dq = 1) = \lambda dt$$

$$\ln(1 + k) \sim N\left(\ln(1 + \bar{k}) - \frac{1}{2}\delta^2, \delta^2\right) \tag{2.17}$$

在式(2.17)中,标的资产服从带随机波动率的扩散跳跃运动,其中资产的方差 V 服从一个均值回复过程,跳跃部分的 dq 是一个泊松过程。对于跳跃 dq,其发生的概率为 λ,跳跃幅度 k 服从对数正态分布。式(2.17)是一个标的

---

① 原文为 Stochastic Volatility Jump model,一般简称 SVJ 模型。

资产在现实世界中的过程,但在风险中性世界中,某些参数需要经过风险价格的调整。调整后,Bates 得到了标的资产的风险中性过程为

$$\frac{\mathrm{d}S}{S} = (b - \lambda^* \bar{k}^*)\mathrm{d}t + \sqrt{V(t)}\,\mathrm{d}W^* + k^*\,\mathrm{d}q^*$$

$$\mathrm{d}V = (\alpha - \beta V + \Phi_v)\mathrm{d}t + \sigma_v\,\sqrt{V(t)}\,\mathrm{d}W_v^*$$

$$\mathrm{d}W^*\,\mathrm{d}W_v^* = \rho\mathrm{d}t$$

$$\mathrm{prob}(\mathrm{d}q^* = 1) = \lambda^*\,\mathrm{d}t$$

$$\log(1 + k^*) \sim N\left(\ln(1 + \bar{k}^*) - \frac{1}{2}\delta^2, \delta^2\right) \tag{2.18}$$

其中

$$\Phi_v = \mathrm{cov}\left(\mathrm{d}V, \frac{\mathrm{d}J_{\text{Wealth}}}{J_{\text{Wealth}}}\right)$$

$$\lambda^* = \lambda E\left(1 + \frac{\Delta J_{\text{Wealth}}}{J_{\text{Wealth}}}\right)$$

$$\bar{k}^* = \bar{k} + \frac{\mathrm{cov}\left(k, \dfrac{\Delta J_{\text{Wealth}}}{J_{\text{Wealth}}}\right)}{E\left(1 + \dfrac{\Delta J_{\text{Wealth}}}{J_{\text{Wealth}}}\right)}$$

为了简化模型,Bates(1996)[5] 将方差风险溢酬 Φ_v 设定为 $\Phi_v = \xi V$,即方差风险溢酬与方差大小成比例,也可以理解成风险溢酬就等于单位风险价格乘以风险量,其中方差风险的单位风险价格为常数。在这种设定下,Bates (1996)[5] 也利用特征函数推导出欧式期权的价格为

$$C(S, V, T; X, \theta) = \mathrm{e}^{-r(\llbracket T + \Delta t \rrbracket 1)}\,[FP_1 - XP_2] \tag{2.19}$$

其中,θ 代表模型的参数,在 Bates (1996)[5] 中 $\theta = \langle \lambda^*, \bar{k}^*, \delta, \alpha, \beta^*, \sigma_v, \rho \rangle$,相关的概率 $P_j, j = 1, 2$ 可以通过傅里叶逆变换的数值解法求出

$$P_j = \frac{1}{2} + \frac{1}{2\pi}\int_{-\infty}^{\infty}\frac{F_j(i\Phi)\mathrm{e}^{-i\Phi x}}{i\Phi}\mathrm{d}\Phi$$

其中

$$F_j(\Phi \mid V, t) \equiv E\left[e^{\Phi \ln(ST/S0)} \mid P_j\right] (j = 1, 2)$$

$$= \exp\{c_j(T; \Phi) + D_j(T; \Phi)V + \lambda^* T(1 + \bar{k}^*)^{\mu j + 1/2} \times [(1 + \bar{k}^*)^{\Phi} e^{\delta 2(\mu j \Phi + \varphi 2/2)} - 1]\}$$

在上式中

$$c_j(T; \Phi) = (b - \lambda^* \bar{k}^*)\Phi T - \frac{\alpha T}{\sigma_v^2}(\rho \sigma_v \Phi - \beta_j - \gamma_j) -$$

$$\frac{2\alpha}{\sigma_v^2} \ln\left[1 + \frac{1}{2}(\rho \sigma_v \Phi - \beta_j - \gamma_j)\frac{1 - e^{\gamma_j T}}{\gamma_j}\right]$$

$$D_j(T; \Phi) = -2\frac{\mu_j \Phi + \frac{1}{2}\Phi^2}{\rho \sigma_v \Phi - \beta_j + \gamma_j \frac{1 + e^{\gamma_j T}}{1 - e^{\gamma_j T}}}$$

$$\gamma_j = \sqrt{(\rho \sigma_v \Phi - \beta_j)^2 - 2\sigma_v^2\left(\mu_j \Phi + \frac{1}{2}\Phi^2\right)}$$

$$\mu_1 = \frac{1}{2}, \mu_2 = -\frac{1}{2}, \beta_1 = \beta^* - \rho \sigma_v, \beta_2 = \beta^*$$

在 Bates 的模型中，即使我们用 $\frac{\partial C}{\partial S}$ 把标的资产的扩散风险给对冲掉，剩余的组合中还含有波动率风险以及跳跃风险，并且这两者都要求一定的风险溢酬。其中，波动率风险也属于连续的风险，是可以用其他衍生工具对冲的（如其他期权），但是跳跃风险部分无法被完全对冲。因此，在从这个角度上看，在 Bates (1996)[5] 模型的假设下，期权不仅不是标的资产的冗余证券，而且也无法通过其他期权进行复制。从这个角度考虑，每一个期权都将是一个具有独立风险头寸的金融工具。

在 Bates (1996)[5] 之后，Bakshi, Cao and Chen (1997)[6] 通过实证比较了各种不同期权模型的定价准确度，以及复制的效果。Bakshi, Cao and Chen

(1997)[6]不仅检验了之前学者的模型,包括 BSM 模型、随机波动率模型(即 Heston (1993)[3])、SVJ 模型(即 Bates (1996)[5]),还检验了 SI(BS 基础上加入随机利率)、SVSI(随机利率加随机波动率)模型以及 SVSI-J(随机利率加随机波动率加跳跃)模型。他们发现在定价效率上,SVJ 和 SVSI 表现得最好,而在复制的效果上,SVJ 和 SVSI 与 SV 模型相比并没有显著的提高。

2.3.1.3 Duffie 等的仿射跳跃扩散模型[①]

Merton (1976)[2],Bates (1996)[5],以及 Bakshi,Cao and Chen (1997)[6]的文章的共同点在于都把跳跃过程加入到股票价格的运动中,而 Duffie, Pan and Singleton (2000)[33]建立了一个更加一般化的模型,他们假定在一个经济中有许多风险源对应了模型中不同的状态变量,而所有这些状态变量都服从扩散跳跃过程,并在这种情况下,给出了衍生品的解析解。在 Duffie, Pan and Singleton (2000)[33]的文章中,状态变量服从

$$dX_t = \mu(X_t)dt + \sigma(X_t)dW_t + dZ_t \tag{2.20}$$

其中,X_t 代表状态空间中的一个向量,dZ_t 是多维的跳跃过程,它的到达密度也是多维时变的向量,假设状态变量的函数为 $\lambda(X_t)$,跳跃的幅度为 Z_t,其概率分布为 ν。并且,该文假设了状态变量的漂移项 $\mu(X_t)$,状态变量的波动项 $\sigma(X_t)$,跳跃的密度 $\lambda(X_t)$,以及折现因子(即利率)$R(X_t)$ 与状态变量 X_t 的关系为

$$\mu(X) = K_0 + K_1 X$$
$$(\sigma(X)\sigma(X)^T)_{ij} = (H_0)_{ij} + (H_1)_{ij} X$$
$$\lambda(X) = l_0 + l_1 X$$
$$R(X) = \rho_0 + \rho_1 X \tag{2.21}$$

---

①　原文为 Affine Jump Diffusion model,简称 AJD 模型。

可以看到，以上这些参数与状态变量的关系都服从线性关系，这也是将这个模型称为仿射跳跃扩散（Affine Jump Diffusion，AJD）模型的原因。在这个假设下，Duffie，Pan and Singleton（2000）[33] 通过傅里叶变换与傅里叶逆变换证明了一个欧式看涨期权的价格服从

$$C(d,c,T,x) = E^x\left(\exp\left(-\int_0^T R(X_s)ds\right)(e^{d \cdot XT} - c)1_{d \cdot XT \geqslant \ln(c)}\right)$$

$$= G_{d,-d}(-\ln(c);X_0,T,x) - cG_{0,-d}(-\ln(c);X_0,T,x) \quad (2.22)$$

其中，$G_{a,b}(y;X_0,T,x)$ 可以通过傅里叶逆变换表示成

$$G_{a,b}(y;X_0,T,x) = \frac{\psi^x(a,X_0,0,t)}{2} -$$

$$\frac{1}{\pi}\int_0^\infty \frac{\text{Im}[\psi^x(a+ivb,X_0,0,T)e^{-ivy}]}{v}dv$$

而这其中的 $\psi^x(u,x,t,T)$ 代表的是状态变量的特征函数，它等于

$$\psi^x(u,x,t,T) = e^{\alpha(t)+\beta(t) \cdot x}$$

其中，$\beta(t)$ 与 $\alpha(t)$ 又满足含有复数的常微分方差（ODE）

$$\dot{\beta}(t) = \rho_1 - K_1^T\beta(t) - \frac{1}{2}\beta(t)^T H_1\beta(t) - l_1(\theta(\beta(t)) - 1)$$

$$\dot{\alpha}(t) = \rho_0 - K_0\beta(t) - \frac{1}{2}\beta(t)^T H_0\beta(t) - l_0(\theta(\beta(t)) - 1)$$

该常微分方程的边界条件为 $\beta(T) = u$ 以及 $\alpha(T) = 0$，并且，其中的 θ 代表跳跃幅度的分布 v 的傅里叶变换。

在 Duffie，Pan and Singleton（2000）[33] 的这个框架中，虽然他们没有详细地讨论该定价所对应的期权复制策略，但是，通过对结果的分析我们发现，给期权进行定价也已经不再是简单的无套利定价，期权的价格中含有各种状态变量的风险溢酬。

之后,还有不少学者对在资产价格以及其他状态变量中加入跳跃进行了经验研究,比如,Eraker, Johannes and Polson(2003)[34]对股票和方差两者进行建模,他们认为股票价格和方差都可能存在跳跃。因此,股票和方差的过程可以写成

$$\begin{pmatrix} \mathrm{d}Y_t \\ \mathrm{d}V_t \end{pmatrix} = \begin{pmatrix} \mu \\ \kappa(\theta - V_{t-}) \end{pmatrix} \mathrm{d}t + \sqrt{V_{t-}} \begin{pmatrix} 1 & 0 \\ \rho\sigma_v & \sqrt{(1-\rho^2)} \cdot \sigma_v \end{pmatrix} \mathrm{d}W_t + \begin{pmatrix} \xi^y \mathrm{d}N_t^y \\ \xi^v \mathrm{d}N_t^v \end{pmatrix}$$

$$(2.23)$$

他们运用 MCMC 的方法对式子进行估计,发现在波动率与收益率中隐含的跳跃都是不可忽略的,并且,模型的设定会对期权价格造成较大的影响。Eraker(2004)[35]也对指数和期权的联合数据进行估计,他发现将波动率中的跳跃与收益率中的跳跃发生的驱动源设为相同时,模型拟合效果比那些跳跃驱动源不同的模型的拟合效果更好。

2.3.2 跳跃的非参数侦测

由于在现实中,跳跃往往隐藏在股票价格中,因此,如何用市场上的股票价格的数据来区分股票价格中的连续扩散部分和非连续的跳跃部分一直是学者们探讨的热点之一。为了将股票市场上的跳跃鉴别出来,不少学者提出了各种方法来侦测跳跃。比如,Eraker Johannes and Polson(2003)[34],Eraker(2004)[35],Ait-Sahalia(2004)[36],Barndorff-Nielsen and Shephard(2006)[37],Jiang and Oomen(2008)[38]和 Lee and Mykland(2008)[39]等。但其中不少学者的估计方法受到跳跃密度假设的影响,比如,Eraker Johannes and Polson(2003)[34],Eraker(2004)[35],Ait-Sahalia(2004)[36]。而 Barndorff-Nielsen and Shephard(2006)[37],Jiang and Oomen(2008)[38]和 Lee and Mykland(2008)[39]的非参数方法不容易受到假设的影响。因此,这些非参数方法也成为近年来估计

跳跃的主流方法,下文将对主要的非参数方法进行回顾。

2.3.2.1 BNS 方法

Barndorff-Nielsen and Shephard（2004）[40] 提出了双幂变差的指标,并通过这个指标构建统计量对标的资产的跳跃进行非参数估计。Barndorff-Nielsen and Shephard（2006）[37] 将 Barndorff-Nielsen and Shephard（2004）[40] 的文章进行了扩展,提出了更多基于双幂变差的指标,用于对资产的跳跃进行估计。在 Barndorff-Nielsen and Shephard（2006）[37] 的文章中已实现的双幂变差（bipower variation,BPV）可以表示为

$$BPV = \sum_{j=2}^{t/\delta} |y_{j-1}| |y_j|$$

其中,y 为瞬时收益率,而 δ 代表对于时间 t 的最小分割单位。Barndorff-Nielsen and Shephard（2006）[37] 证明了,当 $\delta \rightarrow 0$ 时,双幂变差趋向于连续扩散部分的二次变差。而资产的已实现二次变差可以写成:

$$RQV = \sum_{j=2}^{t/\delta} |y_j|^2 = \int_0^t \sigma_s^2 ds + \sum_{j=1}^{Nt} c_j^2 = BPV + \sum_{j=1}^{Nt} c_j^2$$

基于此,Barndorff-Nielsen and Shephard（2006）[37] 构建了相应的统计指标,并给出了它们的渐进分布

$$G = \frac{\delta^{-1/2} (\mu_1^{-2} BPV - RQV)}{\sqrt{\int_0^t \vartheta \sigma_u^4 du}} \xrightarrow{L} N(0,1) \tag{2.24}$$

$$H = \frac{\delta^{-1/2} \left(\frac{\mu_1^{-2} BPV}{RQV} - 1 \right)}{\sqrt{\vartheta \frac{\int_0^t \sigma_u^4 du}{\left(\int_0^t \sigma_u^2 du \right)^2}}} \xrightarrow{L} N(0,1) \tag{2.25}$$

其中

$$\mu_1 = \frac{\sqrt{2}}{\pi}$$

$$\vartheta = \left(\frac{\pi^2}{4}\right) + \pi - 5 = 0.6090$$

由于 σ_u^2 是一个不可观测的变量，因此，Barndorff-Nielsen and Shephard (2006)[37]建议用 BPV 作为它的估计值（σ_u^4 用 $\mu^{-4} \sum_{j=4}^{t/\delta} |y_{j-3}||y_{j-2}||y_{j-1}||y_j|$ 作为代理变量）。代入式(2.24)和式(2.25)可以得到

$$G = \frac{\delta^{-1/2}(\mu_1^{-2}BPV\text{-}RQV)}{\sqrt{\vartheta \dfrac{\sum_{j=4}^{t/\delta} |y_{j-3}||y_{j-2}||y_{j-1}||y_j|}{\mu_1^4}}} \xrightarrow{L} N(0,1)$$

$$H = \frac{\delta^{-1/2}}{\sqrt{\vartheta \dfrac{\sum_{j=4}^{t/\delta} |y_{j-3}||y_{j-2}||y_{j-1}||y_j|}{\left(\sum_{j=2}^{t/\delta} |y_{j-1}||y_j|\right)^2}}} \left(\frac{\mu_1^{-2}BPV}{RQV} - 1\right) \xrightarrow{L} N(0,1)$$

根据这两个统计量，我们就可以判断在给定个股的收益率时，拒绝其是连续扩散过程的概率有多大。

然而，BNS 方法也存在着一定的缺陷，比如，对于零收益数据极为敏感，当高频数据中出现零收益时，BNS 方法中计算的 RQV 会被低估，这就对最后的统计结论有较大的影响。另外，BNS 方法检验的是一段时间内是否发生跳跃，因此，它无法判断在某个点是否发生了跳跃，以及跳跃的具体大小、方向等。

2.3.2.2 JO 方法

除了 BNS 之外，Jiang and Oomen (2008)[38]提出了用方差互换的方法来侦测跳跃。他们定义了方差互换等于

$$SwV_N = 2\sum_{i=1}^{N}(R_i - r_i) \tag{2.26}$$

其中

$$R_i = \frac{S_{i/N}}{S_{i-1/N}} - 1$$

$$r_i = \ln(S_{i/N}) - \ln(S_{i-1/N})$$

$S_{i/N}$ 为要侦测的资产的价格，由于已实现波动率可以表达成

$$RV_N = \sum_{i=1}^{N} r_i^2$$

再进一步，基于已实现波动率与互换方差的差异，Jiang and Oomen (2008)[38] 提出了以下几个统计量

$$\frac{N}{\sqrt{\Omega_{SwV}}}(SwV_N - RV_N) \xrightarrow{d} N(0,1) \tag{2.27}$$

$$\frac{V(0,1)N}{\sqrt{\Omega_{SwV}}}(\ln SwV_N - \ln RV_N) \xrightarrow{d} N(0,1) \tag{2.28}$$

$$\frac{V(0,1)N}{\sqrt{\Omega_{SwV}}}\left(1 - \frac{RV_N}{SwV_N}\right) \xrightarrow{d} N(0,1) \tag{2.29}$$

其中，$V(0,1)$代表$[0,1]$区间内的波动率

$$\Omega^{SwV} = \frac{1}{9}\mu_6 X_{(0,1)},$$

$$X_{(a,b)} = \int_a^b V_u^3 \, du$$

$$\mu_p = E(|x|^p), x \sim N(0,1)$$

通过式(2.28)和式(2.29)构造出来的统计变量的显著程度，我们同样可以判断出股票收益率序列是否发生了跳跃。

但 JO 的方法和 BNS 一样，在应用中也存在着一些不足。这两种方法的基本思路都是检验在一段时间内市场上的方差是否发生了异于以往的变化，因此，它们都只能描述一段时间内是否发生跳跃，而对某个时点是否发生跳跃

或者在一段时间内的跳跃次数为多少都无法回答。所以，这两种方法都无法对跳跃的具体情况进行更深入的研究。

2.3.2.3 LM 方法

Lee and Mykland（2008）[39]改善了 BNS 的方法，他们构造了在某一个时点能够侦测跳跃的指标

$$L(\tau) = \frac{\ln S(t_\tau)/S(t_{\tau-1})}{\sigma(t_i)} \tag{2.30}$$

其中

$$\hat{\sigma}(t_i)^2 = \frac{1}{K-2}\sum_{j=i-K+2}^{i-1} |\log S(t_j)/S(t_{j-1})|\,|\log S(t_{j-1})/S(t_{j-2})|$$

此处，K 是观测区间，在 Lee and Mykland（2008）[39]的文中 $K=16$，并且，Lee and Mykland（2008）[39]推导出指标 $L(\tau)$ 经过变换后得到的指标 ξ 满足分布 $P(\xi \leqslant x) = \exp(-e^{-x})$，而 ξ 可以通过以下式子得到

$$\frac{\max_{\tau \in A_n}|L(\tau)| - C_n}{S_n} \to \xi$$

其中

$$C_n = \frac{(2\log n)^{1/2}}{c} - \frac{\log \pi + \log(\log n)}{2c\,(2\log n)^{1/2}}$$

$$S_n = \frac{1}{c\,(2\log n)^{1/2}}$$

其中，$c = \dfrac{\sqrt{2}}{\sqrt{\pi}} \approx 0.7979$，$n$ 是每年的观测数。根据 Lee and Mykland（2008）[40]，当 $\xi > 4.6001$，即当指标 ξ 超过 99% 的临界值 $x^* = -\log(-\log(0.99)) = 4.6001$ 时，我们认定证券价格发生了跳跃。

LM 方法最大的优势就在于，其能够侦测到跳跃的具体时点，并且可以根

据这个时点的跳跃进行进一步研究,比如分析跳跃的幅度、方向等信息。本书将在第 5 章使用 LM 方法检验股票市场上的跳跃。

2.3.2.4 跳跃风险的侦测在中国市场的应用

中国金融市场在短短 20 年的历史中,发生了多次剧烈的波动,尤其是近些年,如 2007 年 5 月 30 日、2008 年 1 月 22 日与 6 月 19 日等,这些极端市场下跌有些是由于政策面的信息冲击,有些是由于外围经济环境的恶化,从而对中国金融市场造成的连带影响。这些跳跃风险给中国市场上的投资者带来了惨痛的教训,促使国内学者更加关注国内股票价格的跳跃行为。下文总结了国内学者对中国股市的跳跃行为所进行的相关研究①。

胡素华、张世英和张彤(2006)[41] 以上证综指为样本用蒙特卡罗模拟——马尔科夫链(MCMC)的方法估计了的双指数跳跃扩散模型,他们认为双指数跳跃扩散模型可以很好地刻画国内市场尖峰肥尾的现象。汪先珍(2009)[42] 运用 Barndorff-Nielsen and Shephard(2004)[40]的方法估计了中国金融市场上股票资产存在的跳跃行为,并对跳跃的方差与市场总方差的关系进行了研究。陈浪南和孙坚强(2010)[43] 用 GARCH 跳跃模型估计了国内外的一些重要指数,并对条件波动率与跳跃行为之间的关系进行了讨论。这些早期关于跳跃的研究仅对中国市场上的跳跃行为进行刻画,并没有涉及跳跃行为与收益率间的风险收益关系。

另外一部分学者已经开始关注国内金融市场上的跳跃风险会给收益率带来怎样的影响。左浩苗和刘振涛(2011)[44] 对股票指数的跳跃方差与连续部分的方差进行分解,发现股指的跳跃成分以及跳跃波动率都会对未来的收益率起一定的预测作用。另外,Zhou and Zhu(2011)[45] 运用 LM 方法和 Fama-MacBeth 全样本回归对分组后的组合收益率进行分析,发现在中国跳跃频率

---

① 虽然国内学者近年已经开始注重对跳跃风险的研究,但是,相关文献相对于国外还较少,因此,本书把国内用非参数方法估计的跳跃以及参数方法估计的跳跃合在一起回顾。

能够解释国内的横截面收益率,但他们没有检验跳跃频率是否是一个系统性风险,以及其有没有要求相应的风险溢酬。

2.3.3 跳跃风险溢酬的相关研究

在学者们研究了跳跃风险对于期权定价的影响之后,不少学者已经发现对于跳跃过程的研究无法避开其中隐含的跳跃风险溢酬,Bates(1996)[5],Bates(2000)[46]以及 Duffie, Pan and Singleton(2000)[33]的定价模型中都已经表明了这一点。不少学者就对跳跃风险溢酬展开了一系列的研究。到目前为止,对跳跃风险溢酬研究的方法有两个途径,而这两种途径也是学者们研究其他风险的风险溢酬的通用方法:一种是以往学者们使用的常规方法,即对期权与标的资产的时间序列数据进行联合检验,如 Pan(2002)[47]、Broadie, Chernov and Johannes(2007)[48]以及 Santa-Clara and Yan(2010)[49]等;另外一种是用个股数据对横截面进行回归,如 Zhou and Zhu(2011)[45]以及 Yan(2011)[50]等。我们将对上面提到的这几篇文献进行回顾。

2.3.3.1 期权与标的资产联合估计跳跃风险溢酬

首先,我们回顾用标的资产和期权数据对模型进行联合估计的文章。Pan(2002)[47]最早对期权中隐含的跳跃风险的风险溢酬进行了研究。她在 Bates(2000)[46]的假定下,通过隐含状态广义矩方法(Implied State General Moment of Method,IS-GMM)利用期权与指数的数据,联合估计得到模型中的各个参数。Pan 发现,跳跃风险溢酬在指数和其期权的数据中扮演着极其重要的角色。在总方差中,占据了 97% 左右的扩散风险只要求 5.5% 的风险回报,而只占据总风险不到 3% 的跳跃风险却要求 3.5% 的风险回报。

Broadie, Chernov and Johannes(2007)[48]通过指数和期权的数据对 SV 模型、SVJ 模型以及 SVCJ 模型在现实世界和风险中性世界中的过程进行联合估计,他们发现 SVCJ 模型的效果是最好的,在 SVCJ 模型的设定之下,跳跃均值的风险溢酬以及跳跃波动的风险溢酬是显著的。而且,他们还认为跳跃风险及其风险溢酬都具有一定的时变性。

Santa-Clara and Yan(2010)[49]也是用市场上的指数与期权的数据进行联合检验,他们将波动率与跳跃到来的频率都设成是随机的。结果显示,波动率的风险溢酬与跳跃风险的风险溢酬都具有很强的时变性。在样本内,资产的风险溢酬的年化收益率低至0.3%,高至54.9%。而这其中跳跃风险溢酬平均而言占到了总风险溢酬的一半以上,更有甚者,在危机时期,跳跃风险溢酬达到每年45.4%,几乎为全部的总风险溢酬。

2.3.3.2 用股票数据估计跳跃风险溢酬

除了用期权和标的资产的数据联合估计以外,第二种方法利用了个股的横截面信息来估计跳跃风险溢酬,比如,Yan(2011)[50]使用个股期权,从期权数据中提取关于跳跃幅度以及跳跃频率的预期,并以此作为个股分组的依据,用跳跃风险较大的个股的收益率减去跳跃风险较小的个股的收益率,构建出可交易资产组合,并通过Fama-MacBeth两步法来检验该组合的风险价格。他发现跳跃风险对于个股的横截面收益率有明显的预测能力,即跳跃风险的单位风险溢酬显著。

然而,也有其他学者在研究中得到不同结论,他们认为跳跃风险呈现出更多非系统性的特征,比如,Jiang and Yao(2009)[51]通过对跳跃收益率与总收益率的区分,以及对个股的跳跃幅度的分组进行回归,发现个股的异质性跳跃风险对股票价格的贡献占据主导地位。Drechsler and Yaron(2011)[52]的模型也表明在面临经济不确定性时,即使是暂时性的非高斯跳跃也会对投资者对未来经济态度产生极大的影响,从而投资者对这种暂时性的跳跃也要求风险回报。

由于国内缺乏期权市场,以上提到的用期权和标的资产来联合检验跳跃风险溢酬的研究就无法在国内进行,因此,国内学者较少涉及这方面的研究,仅有 Zhou and Zhu (2011)[45]通过个股数据对我国的跳跃频率的风险溢酬进行检验。他们先用非参数方法检验出跳跃的频率,并对跳跃频率不同的个股进行排序,并将跳跃频率最高的组减去跳跃频率最小的组(构建出类似 Fama and French (1993)[53]的 SMB 资产组合),将其收益率作为一个风险因子,通过 Fama and MacBeth (1973)[54]两步法对风险价格进行检验,他们发现在中国跳跃频率的风险价格是显著为正的。但他们在研究中使用的是全样本数据来估计风险价格,在经济含义上,这与 Fama and MacBeth (1973)[54]滚动回归有着较大差异。滚动回归所得出的结果是对样本外收益率的预测,更具有实际的经济含义,而全样本回归只是对样本内的数据进行解释,其结论较容易受到样本期的影响。在本书第 5 章会详细讨论这个问题。

3

模型风险、复制误差与
跳跃风险：理论分析①

本章的主要工作，是从理论上论证模型风险与复制误差、跳跃风险之间的关系，为第 4 章至第 6 章的数值模拟和实证研究奠定理论基础。

本书第 2 章已经简要描述了模型风险的来源及其主要表现形式，并指出在模型风险的现有研究中，存在与无套利定价思想不相容的缺陷，而且不少研究只关注模型风险所导致的初始定价误差，而完全忽略了模型风险所导致的复制误差。对于在衍生品市场上进行对冲交易的金融机构②来说，初始定价对应着衍生品的出售价格，但这个价格是否合理实际上取决于未来该衍生品的复制成本，而初始定价与未来复制成本现值的差异正是"复制误差"。本书认为，在研究模型风险时，复制误差是一个更重要和更好的切入点。主要原因有二：

---

① 本章和第 4 章的部分内容已经整理在《金融研究》上发表。
② 一般来说，这些金融机构都有专门的交易员实施衍生品的交易和复制，因此下文统一采用"交易员"说法。

　　第一，期权类产品是最重要的衍生品之一。期权回报的不对称性决定了期权市场生态的特殊性：大部分投资者愿意购买期权，而有能力出售期权、平衡期权市场供需的金融机构必须通过复制策略来对冲期权空头的风险。① 复制误差直接关系到这些机构的盈亏，关系到整个期权市场能否正常合理运行，因而具有非常重要的研究意义。

　　第二，从初始定价误差的角度来研究模型风险，需要已知真实模型，而这是不现实的；从复制误差的角度来研究模型风险，可以将某个近似模型在现实中的动态复制成本与初始定价结果之间的差异作为模型风险的度量，越合理的模型，复制误差及其波动率越小，这能够很好地克服在检验中对于真实模型的依赖，因而是一个更好的研究视角。

　　因此，本章要回答的第一个问题就是："复制误差"与模型风险存在什么理论关系？在 3.1 节，本章将基于衍生品定价与复制过程，论证复制误差是研究模型风险的一个良好视角，并讨论了复制误差如何受到模型风险的影响。总体而言，模型风险会通过三个互有交叉的途径影响复制误差，即模型设定偏误、模型参数的随机性和风险源的遗漏。

　　接下来，在 3.2 节，我们首先考察了模型设定偏误给复制误差带来的影响。在衍生品市场的日常交易中，无论是在 BSM 模型假设下，还是在其他更加复杂的模型假设下，Delta 复制策略都是首选的复制策略。因此 3.2 节就以 Delta 复制策略为例，说明了无论什么模型都会因为模型设定与真实模型不同而产生 Delta 复制误差，并表明这个 Delta 复制误差实际上是复制误差中的一部分，会直接影响到交易员复制账户的盈亏。

　　3.3 节进一步对第二个影响途径进行了讨论，分析模型参数的随机性给复制误差带来的影响。在现实市场中，模型参数总是不断调整的。这反映了

────────────

　　①　2006—2008 年间中国权证市场投机过度的根本原因就是买方力量远大于卖方造成的市场生态失衡。

一个重要事实：在事前我们不可能掌握所有的未来信息，因此参数的变化刻画了市场上不断更新的信息。相应地，从本质上说，参数是随机的。3.3.1 节通过推导论证了这个问题。进一步，如果参数本身是随机的，是否有方法来应对相应产生的风险？3.3.2 和 3.3.3 两小节给出了两种方法：参数的连续重新校准和参数复制。前者的本质是根据市场上的衍生品价格信息，不断动态调整参数；而后者考虑了参数变动的风险，并将其一阶敏感性也作为对冲的对象。但是，这种看似考虑更加周全的复制策略也存在它的缺陷，3.3.4 小节讨论了参数复制策略可能存在的三个隐患及其与模型风险、复制误差的关系。

接下来，3.4 节以跳跃风险为例说明了遗漏风险源给复制误差带来的影响。实证研究和市场经验均表明，跳跃风险是影响标的资产价格的最重要风险之一。这是因为跳跃风险本身是离散的，不同于随机过程中普通的扩散风险，它给衍生品复制和定价带来的影响是非常巨大的。然而，由于其复杂性，跳跃风险又是衍生品定价模型中常常不予考虑的风险。如果加入跳跃风险的考量，遗漏风险源的不良影响就会大大减弱，因此 3.4 节针对跳跃风险加以分析。在 3.4 节中，我们同样以 Delta 复制为基础，说明在一个有跳跃的世界中，Delta 复制策略会如何受到跳跃风险以及跳跃风险溢酬的影响，从而进一步影响复制误差。在第 4 章和第 5 章中，我们还会通过数值模拟和对美国市场的实证检验来进一步说明这个问题。

最后，3.5 节对本章各节推导的结论进行了回顾，并总结了其对进一步数值模拟研究和实证经验研究的一些启示。

和目前国内外现有的研究相比，本章在几个方面对模型风险、复制误差和跳跃风险的理论探讨尚属首次，主要体现在：

第一，本章首次将复制误差定义为初始定价与复制成本之间的差异，这与以往学者们对复制误差的定义不同，他们的定义是"模型所对应的复制成本与现实中价格变动之间的差异"。本书的定义侧重模型复制对于定价的自我解释能力,后者重视的是模型对于现实的拟合能力。相应地,两种定义会衍生出以下差异:(1)研究的出发点和重点不同。以往研究认为可以通过改进近似模型来不断提高拟合程度,因此侧重于用各种近似模型来逼近真实模型;而本书却假设真实模型是未知且不易掌握的,此时交易员要考虑的是:什么模型在市场多变的情况下能够处变不惊,得到最为稳健的结果。从现实来看,衍生品市场发展几十年来,出于速度和成本的考虑,市场上常用的近似模型大体已确定为几种,因此交易员往往重视稳健性甚于准确性,本书的研究思路具有很强的实用性。(2)适用范围不同。由于本书将复制误差定义为初始定价与复制成本之差,从而可以通过模拟来考察不同模型的差异,因此本书的研究结果可以适用于当前不存在的衍生品。这样一来,本书的定义更适合研究奇异期权、结构性产品以及像中国这样期权刚刚开始发展的市场。而以往研究由于将复制误差定义为近似模型复制成本与现实价格变动之差,因此必须有真实的衍生品价格,通过不断拟合来研究模型风险,故适合于不断挖掘近似模型的拟合潜力,对当前衍生品已经高度发达的欧美市场较为有效。本书的研究第一次提出了复制误差的新定义和新研究视角,可以对现有文献做出补充。

第二,本章详细讨论了模型风险对两种复制策略,即 Delta 复制策略以及更为复杂的参数复制策略的影响。其中,关于模型风险对 Delta 复制策略的影响,有部分学者研究过;而就笔者所见,尽管参数复制策略已被业界广泛采用,但迄今为止,尚未有人研究过模型风险对参数复制策略的影响。本章深入讨论了参数非水平变动的影响、参数复制策略遗漏高阶矩的影响以及参数复制策略方程组解的性质,并以实际数值为例,直观地展示了计算误差会如何影响复制策略中各个衍生品的头寸。这对交易员实际操作参数复制策略有着很大的实用价值。

第三,在跳跃风险对 Delta 对冲组合的影响方面,本章的考察也比以往研究更为深入。以往已有学者对 Delta 对冲组合在随机波动率跳跃模型假设下的具体表现形式进行理论推导,而本章则将假设放松到多状态变量的 N 维跳跃扩散模型,推导出了更加一般化的结论;而且这个结论揭示了在实际对冲操作中,复制误差(准确地说是复制误差的一个部分——Delta 复制误差)如何受到跳跃风险的影响。

3.1　复制误差:模型风险的新研究视角

本节的任务,是阐述模型风险与复制误差的关系,说明为何可以通过交易员账户的复制误差考察模型风险,以及复制误差如何受到模型风险的影响。

本章的基本假设为:

(1)对于某个资产价格,存在一个真实的模型,并且此真实模型服从一个多状态变量的随机过程,但是没有人能够在给其衍生品定价时得到这个模型。

(2)由于真实模型不可知,交易员用一个近似的模型对衍生品进行定价和相应的复制。

在本书中,复制误差是指"初始定价与复制成本之间的差异"。真实模型完全精确地刻画了资产价格的随机过程,根据真实模型进行复制,初始定价必定等于复制成本,因此复制误差必然为 0。但由于无法得到真实模型,人们只能根据历史数据和经验采用近似的模型进行定价和复制。由于近似模型不完全符合资产价格的现实过程,因此运用近似模型在现实中进行复制,必然导致复制成本与初始定价之间出现差异,即复制误差。模型精确度越低,复制误差越大。这就是为什么现实市场中衍生品的出售售价总要高于交易员在初始时刻测算出的初始定价,其中很大一部分是为模型风险和复制误差留下的风险边际。

换个角度来说,从直觉而言,检验模型的好坏就是将其和真实模型进行比较。但在真实模型未知时,我们无法将模型与真实模型进行比较。通过定义复制误差为"初始定价与复制成本之间的差异",我们检验模型复制误差和模型风险的思路可以解释为:一个模型能在多大程度上通过复制来证明其定价的合理性。通俗地说,即这个模型能否"自圆其说",一个能够通过复制完全"自圆其说"的衍生品定价模型,就是真实模型;反之则为近似模型,"自圆其说"程度越低,模型准确性越低。因此,判断模型好坏的一个办法就是检验多个时间段内不同近似模型的累积复制误差的性质。

用 $HC_t^{M_i}$ 表示交易员用近似模型 M_i 从初始 t_0 时刻到 t 时刻为了复制衍生品而付出的总成本的现值,用 $HE_t^{M_i}$ 表示交易员用近似模型 M_i 从初始 t_0 时刻到 t 时刻的复制误差,那么只要模型不正确,$HC_t^{M_i}$ 就不会等于用近似模型 M_i 计算得到的模型价格 $f_{t_0}^{M_i}$,即

$$HE_t^{M_i} = f_{t_0}^{M_i} - HC_t^{M_i} \neq 0 \tag{3.1}$$

也就是说,衍生产品初始定价与对冲总成本的现值不相等,差异值 $HE_t^{M_i}$ 在理论上代表了近似模型的复制误差,在实际操作中则对应着交易员复制操作账户的净盈亏在 t_0 时刻的价值。

这样,式(3.1)向我们揭示了一个重要结论:通过考察现实当中交易员复制操作账户的净盈亏,我们可以估计出近似模型的复制误差,进而考察近似模型的模型风险,这就为我们在真实模型未知的情况下比较近似模型的模型风险提供了一个具有可操作性的极好研究视角。

具体而言,模型风险对复制误差的影响可能通过三个途径体现:(1)模型设定偏误[①];(2)模型参数的随机性;(3)模型未涵盖全部风险源。必须说明的是,以上这三个方面并非是互斥的,在现实中,这三种模型风险往往是同时出

---

① 这里的"模型设定偏误"仅指对状态变量随机过程的设定不符合其真实的动态变化过程,而不包括交易成本问题和风险源问题。本书的模型风险都未将交易成本问题考虑在内,风险源问题则在下面第(3)点中考虑。

现的。例如,模型随机过程设定有偏或未涵盖全部风险源,必然导致参数初始设定偏误,从而需要调整,产生随机性。但从理论研究的角度来说,需要将这三种问题相对独立出来,加以考察,从而获得对模型风险和复制误差的全面认识。在接下来的 3.2 节至 3.4 节中,我们将从以上三个方面入手,分别对相应的复制误差和模型风险问题进行深入的理论分析,从而为后几章的数值模拟和实证研究奠定基础。

3.2　模型设定偏误与复制误差

在本节中,我们将表明模型设定偏误会如何影响交易员账户的复制误差。我们以最常见的 Delta 复制策略为例来说明这个问题。Delta 复制策略是衍生品领域最常见和最广泛采用的复制策略。因此,考察 Delta 复制策略所得到的复制误差具有一般性和实际意义。

Delta 是衍生品领域最重要的希腊字母之一,它被定义为衍生品价格对标的资产价格变动的一阶敏感性,用数学公式表示可以写成

$$\Delta_t = \frac{\partial f_t}{\partial S_t}$$

其中 Δ 为 Delta,f 表示衍生品价格。Delta 复制策略的基本思想就是构造一个投资组合 A,使其对衍生品标的资产价格在每时刻的一阶敏感性等于衍生品的 Delta 值,从而使得组合 A 的价值变动完全与衍生品的价值变动等价。从对冲风险的角度说,如果持有衍生品空头,同时持有组合 A 的多头,则每个时刻整个资产组合的价值变动就不再受标的资产价格变化的影响,从而实现了风险对冲;从复制的角度说,投资组合 A 就等于复制出了一个衍生品。由于 Delta 本质上是一阶导数,也就是价格曲线相应位置的切线斜率,衍生品

的 Delta 值是时变的,因此 Delta 复制策略是一种时时调整的线性复制策略。

可以看出,Delta 复制策略显然假设衍生品价格只依赖于标的资产价格,其复制成功与否、复制误差大小,对模型设定(例如是否为几何布朗运动)的准确性依赖度很高。模型风险的存在必然导致 Delta 复制误差。

在真实模型下,衍生品价格对标的资产价格的真实一阶敏感性可以表示为

$$\Delta_t^{TM} = \frac{\partial f_t^{TM}}{\partial S_t}$$

其中 f_t^{TM} 表示衍生品的真实价格(TM 表示 true model)。但在近似模型 M_i 下,衍生品价格对标的资产的敏感性却为

$$\Delta_t^{M_i} = \frac{\partial f_t^{M_i}}{\partial S_t}$$

二者之差即为 t 时刻 Delta 复制策略因模型风险所产生的复制误差,误差值为

$$DE_t^{M_i} = \left(\frac{\partial f_t^{TM}}{\partial S_t} - \frac{\partial f_t^{M_i}}{\partial S_t} \right) dS_t$$

其中 DE 表示 Delta error。在一段时间内,累积的 Delta 误差为[1]

$$\int_{t_0}^{t} \left(\frac{\partial f_\tau^{TM}}{\partial S_\tau} - \frac{\partial f_\tau^{M_i}}{\partial S_\tau} \right) dS_\tau$$

很容易看出,在 Delta 复制策略中,只要存在 Delta 误差,即 $\frac{\partial f_t^{TM}}{\partial S_t} - \frac{\partial f_t^{M_i}}{\partial S_t}$ 不为零,Delta 复制策略就无法完全对冲标的资产的风险。一旦标的资产的风险无法被完全对冲,对衍生品定价至关重要的风险中性假设就无法成立。然而在近似模型 M_i 下,仍会继续采用风险中性原理为衍生品定价,定价误差和

---

① 注意:此处的 Delta 误差是指两个模型 Delta 复制的差异,和复制成本与初始定价的差异 HE 是不同的。

模型风险相应产生。

为了进一步说明这一点,由于真实模型的复制成本等于初始定价,即

$$HC_t^{TM} = f_{t_0}^{TM}$$

因此对式(3.1)做一些变换,可以得到

$$HE_t^{Mi} = f_{t_0}^{Mi} - HC_t^{Mi} = (f_{t_0}^{Mi} - HC_t^{Mi}) + (HC_t^{TM} - f_{t_0}^{TM})$$

$$= (HC_t^{TM} - HC_t^{Mi}) + (f_{t_0}^{Mi} - f_{t_0}^{TM}) \tag{3.2}$$

在 BSM 模型的框架下,式(3.2)中的 $HC_t^{TM} - HC_t^{Mi}$ 近似等于 $\int_{t_0}^{t} \left(\frac{\partial f_\tau^{TM}}{\partial S_\tau} - \frac{\partial f_\tau^{Mi}}{\partial S_\tau} \right) dS_\tau$,即累积的 Delta 误差。也就是说,复制误差,即交易员账户盈亏的一部分源自 Delta 复制误差,即模型设定偏误带来的误差。值得注意的是,由于这些复制误差完全由模型风险导致,因此无法通过改进复制策略本身[①]来避免。

那么,如何通过考察 Delta 误差来比较不同模型的模型风险呢?

从之前的分析可以看出,存在 Delta 误差时,风险中性假设不再成立,这样,标的资产价格在现实测度下的漂移率将对复制误差存在影响。换句话说,累积 Delta 复制误差会受到标的资产风险源的影响。因此,一方面,我们可以通过比较标的资产真实漂移率的变动对复制误差的影响来比较不同模型的模型风险,第 4 章就将通过数值模拟中对这个问题进行研究;另一方面,我们还可以通过考察标的资产真实漂移率的变动对 Delta 误差的影响,来研究现实中所使用的模型是否存在模型设定风险。第 5 章的实证中就将运用这个逻辑,将标的资产的收益率作为控制模型设定风险的变量。

---

① 例如进行 Gamma 对冲、提高对冲交易频率、采用参数对冲的策略等,这些只能改进 Delta 复制策略的精度,但却对 Delta 自身不准确带来的误差无能为力。

3.3　随机参数与复制误差

在现实市场中，交易员们总是随着时间推移，不断调整所使用的模型参数。本节将证明，参数的这种时变性和随机性有很大一部分原因正是源自模型风险。在这种参数不断变化的环境中，如何调整近似模型所对应的复制策略就成为实务中的一个重要问题。在本节中，我们将讨论参数的变化如何影响复制误差。具体而言，我们先对近似模型中参数所服从的随机过程进行讨论，再介绍应对参数变动的方法及其需要注意的问题：参数的连续重新校准和参数复制策略。

3.3.1　近似模型下参数的随机性与时变性

下面我们以经典的 BSM 模型为例，说明为什么存在模型风险时，参数会是一个随机过程。

众所周知，BSM 模型假设标的资产价格服从几何布朗运动，相应的模型价格可以写为

$$f_t^{BS}(S_t, K, r, T | \sigma_t)$$

其中 σ_t 是 BSM 模型下唯一需要校准的参数[①]，与衍生产品价格一一对应[②]。但如果真实模型还应该考虑其他状态变量的影响，作为近似模型，BSM 模型只能在唯一的参数 σ_t 中反映其他状态变量的影响。因此

---

① S_t、K、r 和 T 均为无须校准就能获得的参数。

② 对某些复杂的衍生产品来说，σ_t 未必和产品价格一一对应。但在做参数校准时，我们实际上假设了模型的参数对于衍生品价格有唯一的最优参数，否则校准是没有意义的。

$$\sigma_t = \sigma_t(S_t, K, r, T, X_t) \tag{3.3}$$

其中，$X_t = (X_t^1, \cdots, X_t^n)^T$，包含了其他所有可能影响衍生品价格的状态变量。

对式(3.3)使用伊藤引理，可以得到

$$d\sigma_t \approx \frac{\partial \sigma_t}{\partial t} dt + \frac{\partial \sigma_t}{\partial X_t^*} dX_t + (dX_t^*)^T \frac{\partial^2 \sigma_t}{\partial X_t^2} dX_t^* \tag{3.4}$$

其中

$$dX_t^* = (dS_t, dX_t^1, \cdots, dX_t^n)^T$$

式(3.4)即为 BSM 波动率与扩散过程下真实模型状态变量的关系。当真实模型的状态变量存在跳跃时，BSM 波动率与状态变量的关系只能用积分形式来表达：

$$\sigma_t(X_t) = \sigma_{t_0} + \int_{t_0}^t \frac{\partial \sigma_\tau}{\partial S_\tau} dS_\tau + \int_{t_0}^t \frac{\partial \sigma_\tau}{\partial X_\tau} dX_\tau + \frac{1}{2} \int_{t_0}^t dX_\tau{}^T \frac{\partial^2 \sigma_\tau}{\partial X_\tau^T \partial X_\tau} dX_\tau +$$
$$\sum_{t_0 < \tau < t} [\sigma_\tau(X_\tau) - \sigma_\tau(X_{\tau-})] \tag{3.5}$$

从式(3.4)和式(3.5)可以看出，BSM 波动率所服从的过程与未被 BSM 模型描述的状态变量过程[1]以及状态变量对波动率的影响程度[2]有关[3]。更一般地说，由于近似模型往往都像 BSM 模型一样遗漏和忽略了真实模型中的诸多可能影响定价的状态变量，近似模型的参数必然会受到这些状态变量的随机影响。因此，所有的近似模型从本质上说，都是一个参数服从未知随机过程的模型。

---

[1] 在(3.5)中即状态向量 dX 的过程。

[2] 在(3.5)中即 $\frac{\partial \sigma_t}{\partial t}$ 和 $\sigma_t(X_t)$ 的具体形式。

[3] 在一些模型的假设下，如局部波动率（Dupire（1994）[4]）或 SABR（Hagan et al.（2002）[62]）等，都可以求出 BSM 隐含波动率的（近似）解析解。这个解析解就可以理解为真实模型是局部波动率或 SABR 时，BS 的隐含波动率与其他状态变量以及参数之间的关系。

3.3.2 参数的连续重新校准

正因为参数在近似模型下是一个随机过程，因此随着市场的演进和新信息的不断到来，现实中采用近似模型的交易员总是不得不对模型参数进行连续调整。随着市场信息的到来，近似模型的不准确性逐渐体现出来，但交易员们通常不会去进行定价模型调整这样的大动作，而是不断调整参数，使其适应市场的变化，相对维持模型相对于当前市场的无套利性质。这个过程被称为参数的连续重新校准（continual recalibration）（Hull and Suo（2002）[26]）。一般化的校准函数可以表示为（Li（1999）[56]）

$$\theta_i = \underset{\theta i}{\operatorname{argmin}}\Big(\sum_{j=1}^{n}\varphi_j g(l_{i,j} - l_{\text{market}})\Big) \tag{3.6}$$

其中 θ_i 为近似模型 M_i 的待估参数向量，φ_j 为组合中第 j 个衍生产品定价误差的权重，g 为非负凸函数且 $g(0)=0$，l_i 为单调函数①，下标 i 表示第 i 个模型相关的参数或计算出的价格，l_{market} 表示市场价格对应的 $l(\cdot)$ 函数值。式（3.6）表明，参数校准的本质就是获得一组参数，使得以某种方式加权的近似模型 i 得出的单调函数 $l(\cdot)$ 函数值和市场上产品价格的单调函数 $l(\cdot)$ 函数值的差异最小。

在参数的校准中，很多因素都会影响校准的精确度。从式（3.6）本身来说，权重 φ_j 的选择（Cont and Tankov（2004）[56]）、$l(\cdot)$ 函数的选择（Detlefsen and Härdle（2007）[31]）以及 $g(\cdot)$ 函数的选择都将影响参数的估计，从而影响复制策略的效果。金融产品不同，上述选择可能就不同。例如，φ_j 经常与流动性指标挂钩，如买卖价差和交易量等。这是因为流动性越好的产品，其

————————————

① 要求单调函数的目的在于保证校准出来的参数随着目标函数的减小，与市场价格隐含的参数更接近。

所包含的信息含量越可靠,因此往往流动性好的产品获得较高的权重。此外,候选模型的性质和衍生品市场微观结构所带来的噪音往往也是影响校准精确度的重要因素,进而对复制误差产生影响。He, Kennedy and Coleman (2006)[57]就证明了带跳跃的随机波动率模型的部分参数对衍生品价格非常不敏感,从而会导致校准的目标函数在一个较大范围内几乎相等,这样的模型在复制中将严重影响复制策略的稳定性。

理论上而言,参数的连续重新校准只是不断吸收新信息,并无法规避参数变动所带来风险。那么,是否有办法对参数变动的风险进行对冲? 这就是接下来所要介绍的内容:参数复制策略。

3.3.3 参数复制策略

参数复制策略的本质是用其他衍生品来对冲原先持有的衍生品对参数的一阶敏感性(Buhler and Aussprache,2005[58])。例如,在 BSM 模型中,所谓对冲参数敏感性,就是用其他衍生品来对冲波动率变动的风险(即 vega risk)。具体来看,参数复制策略的主要思路如下:

在任意 t 时刻,对于一个衍生品,用近似模型 M_i 计算得到的模型价格 $f_t^{M_i}$ 与市场价格 P_t 之间必然存在一定的误差①,可以表达为

$$P_t(S_t,X_t,K,T)=f_t^{M_i}(S_t,K,T|\theta_t)+\xi_t^{M_i}$$

也就是说,衍生品价格本来应受到标的资产价格 S_t 和其他状态变量 X_t 的影响。但在进行复制时,交易员只能在 M_i 模型下进行所有的计算和操作。由于未考虑其他状态变量 X_t 的影响,M_i 模型所使用的参数 θ_t 并非真实参数。用列向量 $\boldsymbol{D}_t^{M_i}$ 表示 $f_t^{M_i}$ 对 M_i 中各个参数 $\theta_t^1,\theta_t^2,\cdots,\theta_t^k$ 的一阶敏感度,即

① 本书将市场价格定义为真实价格。

$$D_t^{Mi} = \frac{\partial f_t^{Mi}(S_t, K, T|\theta_t)}{\partial \theta_t} = \left(\frac{\partial f_t^{Mi}(S_t, K, T|\theta_t)}{\partial \theta_t^1}, \cdots, \frac{\partial f_t^{Mi}(S_t, K, T|\theta_t)}{\partial \theta_t^k} \right)^T$$

其中($\cdot$)^T 的上标 T 代表矩阵的转置。由于模型 M_i 中包含了 k 个参数,因此需要 k 种衍生品作为复制工具来进行对冲。这 k 个复制衍生工具的模型价格行向量表示为

$$C_t^{Mi} = (c_t^1, c_t^2, \cdots, c_t^k)$$

这些复制衍生工具关于模型 M_i 参数的敏感度同样可以通过对参数求偏导得到,最终是一个 $k \times k$ 方阵:

$$(Y_t^{Mi})^T = \frac{\partial C_t^{Mi}}{\partial \theta_t} = \left(\frac{\partial C_t^{Mi}(S, K, T|\theta_t)}{\partial \theta_t^1} \cdots \frac{\partial C_t^{Mi}(S, K, T|\theta_t)}{\partial \theta_t^k} \right)$$

$$= \begin{pmatrix} \dfrac{\partial c_t^1(S, K, T|\theta_t)}{\partial \theta_t^1} & \cdots & \dfrac{\partial c_t^1(S, K, T|\theta_t)}{\partial \theta_t^k} \\ \vdots & \ddots & \vdots \\ \dfrac{\partial c_t^k(S, K, T|\theta_t)}{\partial \theta_t^1} & \cdots & \dfrac{\partial c_t^k(S, K, T|\theta_t)}{\partial \theta_t^k} \end{pmatrix}$$

其中第(p,q)个元素表示第 q 个参数变动一个微小的单位导致第 p 个衍生品的价格变动的幅度。

要使得整个组合对参数的瞬时敏感度为零,各种复制衍生工具持有量的向量 W_t^{Mi} 显然应满足

$$Y_t^{Mi} W_t^{Mi} - D_t^{Mi} = 0 \tag{3.7}$$

其中

$$W_t^{Mi} = (w_t^1, \cdots, w_t^k)^T$$

$w_t^p, p=1, \cdots, k$ 是第 p 个复制衍生工具在 t 时刻的持有量,上式经整理可得

$$W_t^{Mi} = (Y_t^{Mi})^{-1} \cdot D_t^{Mi} \tag{3.8}$$

这样，$W_t^{Mi} C_t^{Mi}$ 即为复制衍生工具组合在 t 时刻的价值。交易员持有价值为 $W_t^{Mi} C_t^{Mi}$ 的复制衍生工具组合即可实现参数复制和风险对冲。

需要强调的是，在对冲参数风险之后，交易员还需要用标的资产对冲整个组合关于标的资产的敏感度，即再进行 Delta 复制策略。具体来看，为了使得整个资产组合关于标的资产的瞬时敏感度也为零，我们还必须要求在 t 时刻所拥有的标的资产数量 Δ_t^{Mi} 满足

$$\Delta_t^{Mi} S_t + (W_t^{Mi})^T \cdot \frac{\partial C_t^{Mi}}{\partial S_t} = \frac{\partial f_t^{Mi}}{\partial S_t} \tag{3.9}$$

式（3.9）意味着，被复制衍生品对标的资产价格变动的 Delta 值等于整个复制工具组合（包括标的资产和其他复制衍生工具）对标的资产价格变动的 Delta 值。同时实现式（3.7）和式（3.9），就同时实现了复制和 Delta 风险对冲。

综合（3.8）和（3.9）两式，可以发现要解出标的资产和复制工具的持有量，就是要解参数复制策略和 Delta 复制策略构成的方程组

$$\begin{cases} \Delta_t^{Mi} S_t + (W_t^{Mi})^T \cdot \dfrac{\partial C_t^{Mi}}{\partial S_t} = \dfrac{\partial f_t^{Mi}}{\partial S_t} \\[2ex] W_t^{Mi} = (Y_t^{Mi})^{-1} \cdot D_t^{Mi} \end{cases}$$

这样，在每个时刻 t，就可以计算出该时刻复制所需的标的资产持有量 Δ_t^{Mi} 和其他复制衍生工具的持有量 W_t^{Mi}。注意，这两个值都是时变的，因此复制是一个不断动态调整再平衡的过程。进一步将 Δ_t^{Mi} 和 W_t^{Mi} 对 t 求偏导，就可以得出每个复制工具持有量的瞬时变化，即每个时刻交易员应该买卖的量。

从 t_0 到 t 时刻，将整个复制过程所需的资金贴现至 t_0 时刻，总现值为

$$\begin{aligned} \text{Financing}_{t_0}^{Mi} &= \int_{t_0}^{t} \mathrm{e}^{-r(\tau-t_0)} S_\tau \, \mathrm{d}\Delta_\tau^{Mi} + \int_{t_0}^{t} \mathrm{e}^{-r(\tau-t_0)} C_\tau \, \mathrm{d}W_\tau^{Mi} \\ &= \int_{t_0}^{t} \mathrm{e}^{-r(\tau-t_0)} (S_\tau \, \mathrm{d}\Delta_\tau^{Mi} + C_\tau \, \mathrm{d}W_\tau^{Mi}) \end{aligned} \tag{3.10}$$

注意，在上式中 C_t 没有上标符号 M_i，意味着这是复制衍生工具的真实市场价格而非模型价格。而在 t 时刻，交易员所拥有的资产头寸总价值为

$$\text{Asset}_t^{Mi} = \Delta_t^{Mi} S_t + \boldsymbol{W}_t^{Mi} \boldsymbol{C}_t - P_t \tag{3.11}$$

同样，上式中的资产价格都没有上标 M_i，代表的是真实市场价格而非模型价格。

因此，在近似模型 M_i 下，从 t_0 到 t 时刻，总复制成本在 t_0 时刻的现值为

$$HC_{t_0}^{Mi} = \text{Financing}_{t_0}^{Mi} - \text{Asset}_t^{Mi} \cdot e^{-R(t-t_0)} \tag{3.12}$$

其中 R 为 t_0 到 t 期间的平均利率水平。相应地，用 M_i 模型所隐含的复制策略同时进行 Delta 对冲和参数风险对冲的复制误差就为

$$HE_t^{Mi} = f_{t_0}^{Mi}(\cdot \mid \varphi t_0) - HC_{t_0}^{Mi} \tag{3.13}$$

从实际来看，该复制误差就是交易员交易账户的损益：初始出售衍生品的收入 $f_{t_0}^{Mi}(\cdot \mid \varphi_{t_0})$ 减去复制总成本的现值 $HC_{t_0}^{Mi}$。

从理论上说，复制所需的标的资产持有量 Δ^{Mi} 和其他复制衍生工具的持有量 $\boldsymbol{W}_t^{Mi}$ 都是一阶导，因此复制的调整必须连续进行，在时间上无限可分。在现实中，这显然是无法实现的。在实际中，交易员的做法是将式(3.10)进行离散化，分隔成小的复制时间间隔，得到

$$\text{Financing}_{t_0}^{Mi} = \int_{t_0}^t e^{-r(\tau-t_0)} S_\tau \mathrm{d}\Delta_\tau^{Mi} + \int_{t_0}^t e^{-r(\tau-t_0)} C_\tau \mathrm{d}\boldsymbol{W}_\tau^{Mi}$$

$$= \sum_{\tau=t_0}^{t-1} e^{-r(\tau-t_0)} \left[(\Delta_{\tau+1}^{Mi} - \Delta_\tau^{Mi}) S_\tau + (\boldsymbol{W}_{\tau+1}^{Mi} - \boldsymbol{W}_\tau^{Mi}) \boldsymbol{C}_\tau \right] \tag{3.14}$$

在每个时间间隔内，标的资产与复制衍生工具的头寸分别变动 $\Delta_{\tau+1}^{Mi} - \Delta_\tau^{Mi}$ 和 $\boldsymbol{W}_{\tau+1}^{Mi} - \boldsymbol{W}_\tau^{Mi}$，需要融资的金额则为 $(\Delta_{\tau+1}^{Mi} - \Delta_\tau^{Mi}) S_\tau + (\boldsymbol{W}_{\tau+1}^{Mi} - \boldsymbol{W}_\tau^{Mi}) \boldsymbol{C}_\tau$。再将式(3.14)代回式(3.12)和式(3.13)，同样意味着我们可以从交易员账户的

损益数据中估计出离散时间下参数复制加 Delta 复制的总误差。

3.3.4 模型风险对参数复制策略复制误差的影响

在前文中,我们可以看到参数复制策略给交易员提供了一个途径来规避参数的不断变化所产生的风险。这种复制策略突破了以往 Delta 对冲的瓶颈,从理论上说,它对模型任何一个可能产生变动的地方都建立了避险头寸,覆盖了所有可能的参数变动的风险暴露。从理论上说,它可以极大地弥补模型误设问题。原因在于,近似模型如果和真实模型有较大的差距,则其参数的变化就会很明显,如果能够完全规避参数变化的一阶敏感性,则模型风险会得到较大的改善。在现实交易中,交易员们已经普遍使用 vega 对冲策略来弥补 BSM 模型的不足,而 vega 复制策略就是 BSM 模型所对应的参数复制策略。

但是,模型风险问题是否能够通过参数复制策略被很好地解决呢?答案其实并不是那么肯定,因为参数复制策略本身存在着一定的假设和一些缺陷,这些假设和缺陷在某些情况下可以被忽略不计,但是在某些情况下可能导致非常严重的后果。参数复制策略的隐患可以分为三类:(1)在同一个近似模型下,不同衍生品参数变动存在非同步性;(2)参数变动的高阶项被忽略;(3)对微小计算误差的高度敏感。我们将逐一描述这三个隐患,并在第 4 章的数值模拟中通过不同模型的对比表明,这三者在某些情况下是可以忽略的,但有的时候会造成很大的误差。

3.3.4.1 参数变动的非同步性

首先,参数复制策略隐含了一个不易被观测到的假设:在同一个模型假设下,不同衍生品的参数变化幅度是相同的,然后计算不同衍生品对同样的参数变化幅度的一阶敏感性,从而实现对冲。然而在真实模型未知时,用一个近似模型进行定价,理论上不同衍生品的参数变化幅度很可能不是相等的。这个问题可能会导致参数复制策略的失败。

从式(3.3)可以看出,近似模型参数所服从的随机过程和衍生品的回报 K 有关,只要 K 不同,模型参数所服从的过程就不同,其变动的幅度也很可能不同。尤其是当真实模型中有较多状态变量时,状态变量的随机变化是根本的风险源,只有对冲状态变量的风险才能做到完全对冲风险。但对不同衍生品而言,模型参数对状态变量的敏感度很可能是不同的。这样,假设模型参数发生等幅变动的参数复制策略很可能只是在表面上对冲了参数的敏感性,并没有完全对冲掉真实状态变量的变动风险。

例如,在使用 BSM 模型作为近似模型时,参数复制策略的本质就是用其他衍生品的 vega 对冲被复制衍生品的 vega。但只有在被复制衍生品的隐含波动率的变动幅度和作为复制工具的衍生品的隐含波动率变动幅度相同时,交易员才能完全对冲掉此时的波动率风险。如果状态变量的变化导致被复制衍生品的波动率变化 1 个单位,但复制衍生工具的波动率却变动 2 个单位。此时,vega 对冲策略看似考虑了衍生品对隐含波动率的敏感性,但由于其假设两者波动率变化相等,vega 对冲策略并没有完全对冲掉真实的风险。

因此,参数复制误差的大小会和选取的复制工具有关:用来对冲某个衍生产品风险的好的复制工具必须是其参数对真实状态变量的敏感度与被复制产品相似的衍生工具。这点将在第 4 章的数值模拟中得到更为详细和切实的体现。

3.3.4.2 忽略参数变动的高阶项

当市场上状态变量的变化加剧时,参数的变化也将加剧。而参数复制策略只复制参数的一阶敏感性,这种复制思想只在参数变化很小时较为有效。通过对近似模型做泰勒展开,我们可以很容易地理解这一点:

$$\Delta f_t(S,K,T \mid \theta_t) = \frac{\partial f_t}{\partial t}\Delta t + \frac{\partial f_t}{\partial S_t}\Delta S_t + \frac{1}{2}\frac{\partial^2 f_t}{\partial S_t^2}\Delta S_t^2 + \frac{\partial f_t}{\partial \theta_t}\Delta \theta_t +$$

$$\frac{\partial^2 f_t}{\partial \theta_t^2}\Delta \theta_t^2 + \frac{\partial^2 f_t}{\partial S_t \partial \theta}\Delta S_t \Delta \theta_t$$

根据前文的推导,在近似模型下,参数也是一个随机过程。因此当参数的变化幅度较大时,根据泰勒展开式,参数变化的高阶项将不可忽略。这点在不完全市场中尤为重要,跳跃的发生往往导致参数较大幅度的变动,此时忽略参数变化的高阶项会在很大程度上影响参数复制的准确性。因此在市场上,有些交易员为了避免参数的大幅变化,往往牺牲部分的校准精确度来获得参数的稳定性。具体做法是在校准函数后加上表示距离的惩罚项(Cont and Tankov(2004)[56])。

3.3.4.3 对微小计算误差的高度敏感

除了以上两个问题,参数复制策略还存在对微小计算误差十分敏感的特点。由于计算参数复制策略所需衍生品对冲头寸需要解方程组,因此头寸数量的多少完全是由方程组性质决定的。但我们知道方程组的解往往是不稳定的,极小的数值变化可能得到完全不同的两个解,这将导致复制策略的不稳定性。

为了说明这一点,我们有必要回顾式(3.8)。该式给出了复制工具购买份额的计算方式,即

$$W_t^{Mi} = (Y_t^{Mi})^{-1} \cdot D_t^{Mi}$$

现在我们通过假设一组真实数据和一组带有计算误差的数据来说明参数复制策略的缺陷。如果真实数据为

$$Y_t^{Mi} = \begin{bmatrix} 0.2 & 0.5 \\ 0.02 & 0.01 \end{bmatrix}, D_t^{Mi} = \begin{bmatrix} 0.7 \\ 0.03 \end{bmatrix}, W_t^{Mi} = \begin{bmatrix} 1 \\ 1 \end{bmatrix}$$

但在计算过程中,如果 D_t^{Mi} 的计算产生偏误,则对复制工具的对冲份额 W_t^{Mi} 的计算将产生影响。以下给出两组存在偏误的 D_t^{Mi} 及其对应的 W_t^{Mi},考察微小计算误差对参数复制策略的影响。

第一组

$$D_t^{Mi} = \begin{bmatrix} 0.7 \\ 0.04 \end{bmatrix}, W_t^{Mi} = \begin{bmatrix} \dfrac{13}{8} \\ \dfrac{3}{4} \end{bmatrix}$$

第二组

$$D_t^{Mi} = \begin{bmatrix} 0.8 \\ 0.03 \end{bmatrix}, W_t^{Mi} = \begin{bmatrix} \dfrac{7}{8} \\ \dfrac{5}{4} \end{bmatrix}$$

从以上两个例子可以看出，当参数的一阶风险基数很小时，如上述例子第一组参数中的 0.04，被复制产品参数敏感度的微小变化将导致计算得到的复制工具的购买份额 W_t^{Mi} 产生很大的差异，但实际上此时参数敏感度的计算误差对复制并没有很大的影响。反之，当参数的一阶风险基数较大时，被复制产品参数敏感度的变化对复制工具购买份额的影响将降低，但是实际上此时的参数敏感度的计算误差对复制的影响要大得多。正是基于这个原因，在第 4 章的数值模拟中，本书并未将标的资产二阶矩（Gamma）复制和参数的二阶项复制作为比较的复制策略之一[①]；因为 Gamma 以及其他参数的二阶项常常具有很小的值但却有非常剧烈的变化率。

3.4　跳跃风险与复制误差

大量的实证研究表明，可能影响衍生品价格的风险源，除了标的资产扩散过程所带来的风险外，至少还包括随机波动率风险、随机利率风险和跳跃风险

---

① 经模拟检验，将 Gamma 和参数的二阶项加入待解方程时，累积复制误差经常呈现扩散的现象。

等(Bakshi, Cao and Chen (1997)[6], Bakshi and Kapadia (2003)[59], Bates (2000)[46])。这其中,随机波动率和随机利率都是连续的扩散风险,它们对衍生品定价有一定影响。相比之下,跳跃风险的影响则要大得多(Pan (2002)[47]和Santa-Clara and Yan (2010)[49]等)。原因有两点:第一,跳跃风险是偶然发生的价格大幅变动,这显然与扩散风险这种连续发生的价格小幅变动有着本质的不同;第二,跳跃风险的加入使得交易员无论用几种产品对冲都无法完全复制衍生品,也就是说,考虑跳跃风险之后,衍生品不再是理论上的冗余证券了。因此可以认为,在扩散风险之外,跳跃风险是最重要的风险源。考虑到跳跃风险的影响力,在本节中,我们以跳跃风险为例,考察遗漏风险源对复制误差的影响,并在第4章到第6章中,通过数值模拟和实证研究深入研究跳跃风险带来的模型风险问题。

基于Delta复制策略的广泛使用,本节的分析仍然从Delta复制策略出发,考虑当真实模型存在跳跃时,忽视跳跃风险时Delta复制策略可能出现的问题。要理解这个问题,我们要先弄清两点:第一,Delta复制策略所对冲的风险;第二,跳跃风险能否被Delta策略对冲。对于第一点来说,Delta复制策略对冲的是扩散过程的风险,在唯一风险源是标的资产的扩散风险的假设下,Delta复制策略是能够完全对冲掉扩散风险的。第二,跳跃风险能否被Delta策略对冲呢? 由于跳跃本身是标的资产价格的大幅变动,根据Merton (1976)[2]的公式,标的资产价格每发生一次跳跃,在发生跳跃之前和发生跳跃之后的Delta值是显著不同的且无法忽略的[①],仅可用于对冲连续微小变化的Delta对冲策略是无法对冲跳跃风险的。实际上,在跳跃发生后,Delta复制策略中残余的部分标的资产风险源就是由跳跃前后Delta的不一致所带来的。

---

① 从理论上说,在连续过程中,价格微小的变化可以通过不断缩短复制时间来使得Delta的变动被忽略不计,这点在存在跳跃时无法办到。

　　进一步看,我们在 3.3 节中介绍的参数复制策略能不能弥补这一缺陷,实现跳跃风险的对冲呢? 答案是否定的。回顾 3.3 节中谈到的参数复制策略的缺陷:在状态变量发生剧烈波动时,近似模型的参数会发生大幅跳跃,此时,参数复制策略的高阶项是不可忽略的,从而会导致参数复制策略的不准确。而标的资产本身就是一个状态变量,它的大幅跳跃自然也会引起近似模型参数的极不稳定,此时,参数复制策略就很容易出现问题。我们将在第 4 章的数值模拟研究中证实这一点。

　　总之,我们的结论是,现有的复制策略无法完全对冲跳跃风险。这也是学术界和业界广泛接受的一个结论。因此,在考察模型风险和复制误差时,跳跃风险是一个无法回避的问题,是一个需要花费大量精力考察的问题。因此本节的主要工作,就是从理论上考察跳跃风险将如何影响复制误差。更具体地说,由于 Delta 复制策略的广泛使用,本节将在一个多状态跳跃扩散模型下推导出 Delta 对冲组合[①]的表达式。

　　假设标的资产价格和影响衍生品价格的其他状态变量均服从最一般的跳跃扩散过程(Duffie,Pan and Singleton (2000)[33])[②]

$$dX_t^* = (\mu(X_t^*) - m_J(X_t^*))dt + \sigma(X_t^*)^{\circ}dB_t + dZ_t \text{[③]} \tag{3.15}$$

　　其中,$\boldsymbol{X}_t^*$ 为标的资产价格 S_t 和影响衍生品价格的其他状态变量 $\boldsymbol{X}_t$ 形成的向量,$\mu(\boldsymbol{X}_t^*)$ 表示所有状态变量的漂移项向量,$m_J(\boldsymbol{X}_t^*)$ 表示跳跃风险所服从的补偿泊松过程均值的向量,$\sigma(\boldsymbol{X}_t^*)$ 是状态变量扩散过程的波动率向量,

---

　　①　Delta 对冲组合即 Delta 复制策略构造形成的组合,由被复制衍生品和标的资产组成,组合的 Delta 值为零。

　　②　这个模型和 Duffie,Pan and Singleton (2000)[33]的模型之间可以通过 Cholesky 分解互相转换。

　　③　在后文中,为了得到 Delta 对冲组合的随机过程,我们还将具体假设标的资产价格 S_t 所服从的具体随机过程。但在无须具体涉及 S_t 时,为方便起见,我们都将其放在 $dS_t = uS_t dt + \sigma S_t d\boldsymbol{W}_t$ 中,作为整个向量处理。

$\mathrm{d}B_t$ 为多维布朗运动,值得注意的是,$\sigma(\boldsymbol{X}_t^*)°\mathrm{d}\boldsymbol{B}_t$ 为阿达马乘积(即向量内的元素——对应相乘),$\mathrm{d}Z_t$ 是多维跳跃过程,其概率分布为 ν,其到达密度也是时变的变量,假设为状态变量的函数 $\Lambda(\boldsymbol{X}_t^*)$。

根据伊藤引理,相应衍生品在现实世界中的随机过程可以表示为

$$\mathrm{d}c(\boldsymbol{X}_t^*,t) = \frac{\partial c_t}{\partial t}\mathrm{d}t + \frac{1}{2}\frac{\partial c_t}{\partial \boldsymbol{X}_t^*}\mathrm{d}\boldsymbol{X}_t^* + \mathrm{d}(\boldsymbol{X}_t^*)^T\frac{\partial^2 c_t}{\partial(\boldsymbol{X}_t^*)^T\partial \boldsymbol{X}_t^*}\mathrm{d}\boldsymbol{X}_t^* +$$

$$\Lambda(\boldsymbol{X}_t^*)^T[c_t(\boldsymbol{X}_t^*+\boldsymbol{Z}_t) - c_t(\boldsymbol{X}_t^*)] \tag{3.16}$$

其中,$\mathrm{d}\boldsymbol{X}_t^*$ 代表状态变量本身一阶微分的列向量,而 $\dfrac{\partial^2 c_t}{\partial(\boldsymbol{X}_t^*)^T\partial \boldsymbol{X}_t^*}$ 则代表着衍生品对随机状态变量求偏的二阶海赛矩阵。将式(3.16)写成积分形式

$$c_{t+\tau} = c_t + \int_t^{t+\tau}\frac{\partial c_u}{\partial \boldsymbol{X}_u^*}\mathrm{d}\boldsymbol{X}_u^* + \int_t^{t+\tau}\frac{\partial c_u}{\partial u}\mathrm{d}u + \frac{1}{2}\int_t^{t+\tau}(\sigma(X_u^*))^T$$

$$\left\{[\Upsilon_{pq}^{\frac{1}{2}}]\cdot\frac{\partial^2 c}{\partial(\boldsymbol{X}_u^*)^T\partial \boldsymbol{X}_u^*}\cdot[\Upsilon_{pq}^{\frac{1}{2}}]\right\}\sigma(X_u^*)\,\mathrm{d}u +$$

$$\int_t^{t+\tau}\Lambda(\boldsymbol{X}_u^*)^T\int_{-\infty}^{+\infty}[c_u(\boldsymbol{X}_u^*+\boldsymbol{Z}_u) - c_u(\boldsymbol{X}_u^*)]°\mathrm{d}\boldsymbol{Z}_u\,\mathrm{d}u \tag{3.17}$$

其中,$\sigma(\boldsymbol{X}_t^*)$ 是所有状态变量波动率的列向量,而 Υ_{pq} 是指状态变量风险源的相关系数矩阵的第 (p,q) 个元素,$c_t(\boldsymbol{X}_t^*+\boldsymbol{Z}_t) - c_t(\boldsymbol{X}_t^*)$ 表示状态变量发生跳跃之后衍生品价格的变化量。

Bakshi and Kapadia (2003)[59] 曾采用上式来研究波动率风险溢酬问题。在他们的文章中,在标的资产价格之外,波动率是唯一的状态变量,资产价格的跳跃概率则被假设为波动率的函数。在本书中,我们并不直接假设具体状态变量,而是通过更加一般化的推导来描述在 Delta 对冲之后,组合收益率中所含有的其他风险因素。

首先,当状态变量服从式(3.15)时,根据 Girsanov 定理,在风险中性世界中,衍生品价格必须满足偏微分方程

$$\frac{\partial c_t}{\partial t} + \frac{\partial c_t}{\partial \boldsymbol{X}_t^*}\left[\mu(\boldsymbol{X}_t^*) - \lambda(\boldsymbol{X}_t^*) - m_J(\boldsymbol{X}_t^*)\right] + \frac{1}{2}\left(\sigma(\boldsymbol{X}_t^*)\right)^T$$

$$\left\{\left[\Upsilon_{\frac{1}{p_q}}\right] \cdot \frac{\partial^2 c}{\partial (\boldsymbol{X}_t^*)^T \partial \boldsymbol{X}_t^*} \cdot \left[\Upsilon_{\frac{1}{p_q}}\right]\right\}\sigma(\boldsymbol{X}_t^*) + \Lambda(\boldsymbol{X}_t^*)^T$$

$$\int_{-\infty}^{+\infty}\left[c_t(\boldsymbol{X}_t + \boldsymbol{Z}_t) - c_t(\boldsymbol{X}_t)\right]^\circ \mathrm{d}\boldsymbol{Z}_t = r_t c_t$$

其中 d$\boldsymbol{Z}_t$ 表示风险中性测度下的多维跳跃过程,$\lambda(\boldsymbol{X}_t^*)$ 代表的是状态变量风险溢酬(注意,不是风险价格)的向量。整理可得

$$\frac{\partial c_t}{\partial t} + \frac{1}{2}\left(\sigma(\boldsymbol{X}_t^*)\right)^T\left\{\left[\Upsilon_{\frac{1}{p_q}}\right] \cdot \frac{\partial^2 c}{\partial (\boldsymbol{X}_t^*)^T \partial \boldsymbol{X}_t^*} \cdot \left[\Upsilon_{\frac{1}{p_q}}\right]\right\}\sigma(\boldsymbol{X}_t^*) + \Lambda(\boldsymbol{X}_t^*)^T$$

$$\int_{-\infty}^{+\infty}\left[c_t(\boldsymbol{X}_t^* + \boldsymbol{Z}_t) - c_t(\boldsymbol{X}_t^*)\right]^\circ \mathrm{d}\boldsymbol{Z}_t = r_t c_t - \frac{\partial c_t}{\partial \boldsymbol{X}_t^*}\left[\mu(\boldsymbol{X}_t^*) - \lambda(\boldsymbol{X}_t^*) - m_J(\boldsymbol{X}_t^*)\right]$$

$$(3.18)$$

将式(3.17)与(3.18)联立,可以得到

$$c_{t+\tau} = c_t + \int_t^{t+\tau}\frac{\partial c_u}{\partial \boldsymbol{X}_u^*}\mathrm{d}\boldsymbol{X}_u^* + \int_t^{t+\tau}\left\{rc_u - \frac{\partial c_u}{\partial \boldsymbol{X}_u^*}\left[\mu(\boldsymbol{X}_u^*) - \lambda(\boldsymbol{X}_u^*) - m_J(\boldsymbol{X}_u^*)\right]\right\}\mathrm{d}u +$$

$$\Lambda(\boldsymbol{X}_t^*)^T\int_{-\infty}^{+\infty}\left\{\left[c_t(\boldsymbol{X}_t^* + \boldsymbol{Z}_t) - c_t(\boldsymbol{X}_t^*)\right]^\circ \mathrm{d}Z_t - \left[c_t(\boldsymbol{X}_t^* + \boldsymbol{Z}_t) - \right.\right.$$

$$\left.\left. c_t(\boldsymbol{X}_t^*)\right]^\circ \mathrm{d}\boldsymbol{Z}_t\right\}$$

$$(3.19)$$

如前所述,在 Delta 复制策略下,Delta 对冲组合是由 1 单位衍生品多头和 Δ_t 单位标的资产空头①构成的,其中标的资产数量 Δ_t 是动态变化的,等于每个时刻衍生品价格 c_t 对标的资产价格 S_t 的一阶偏导,即 Delta 值$\frac{\partial c_t}{\partial S_t}$。在对冲中,衍生品和标的资产一多一空,两者的 Delta 值总是相互对冲,因此任意时刻整个组合的 Delta 值总保持为零。

---

① 也可能是 1 单位衍生品空头和 Δ_t 单位标的资产多头构成的,这不影响结论。

用 $\prod_\tau$ 表示 τ 时间段内 Delta 对冲组合价值的变化，有

$$\prod_\tau = (c_{t+\tau} - c_t) - \int_t^{t+\tau} \frac{\partial c_u}{\partial S_u}\mathrm{d}S_u - \int_t^{t+\tau} r_u\left(c_u - \frac{\partial c_u}{\partial S_u}S_u\right)\mathrm{d}u \qquad (3.20)$$

也就是说，τ 时间段内 Delta 对冲组合价值的变化由三部分构成：(1)衍生品多头价值的变化 $c_{t+\tau} - c_t$；(2)根据一阶偏导动态调整的标的资产空头价值的变化 $-\int_t^{t+\tau} \frac{\partial c_u}{\partial S_u}\mathrm{d}S_u$；(3)因标的资产数量的动态调整而产生的无风险融资头寸 $-\int_t^{t+\tau} r_u\left(c_u - \frac{\partial c_u}{\partial S_u}S_u\right)\mathrm{d}u$，以应对标的资产头寸调整时的资金需求。

同时，为了推导 Delta 对冲组合所服从的过程，我们还必须假设标的资产 S_t 在现实世界中服从

$$\frac{\mathrm{d}S_t}{S_t} = (\mu^S - m_j^S)\mathrm{d}t + \sigma^S(\boldsymbol{X}_t^*)\mathrm{d}\boldsymbol{B}_t^S + \mathrm{d}\boldsymbol{Z}_t^S \qquad (3.21)$$

其中上标 S 表示其为标的资产价格对应的各个参数、布朗运动和跳跃过程。而假设标的资产 S_t 在风险中性世界所服从的过程为

$$\frac{\mathrm{d}S_t}{S_t} = (r_t - m_j^S)\mathrm{d}t + \sigma^S(\boldsymbol{X}_t^*)\mathrm{d}\boldsymbol{B}_t^S + \mathrm{d}\boldsymbol{Z}_t^S \qquad (3.22)$$

其中，年化无风险利率 $r_t = \mu^S - \lambda^S$。

这样，将式(3.20)写成连续形式，并将式(3.19)以及标的资产随机过程代入，我们可以得到：

$$\prod_\tau = \int_t^{t+\tau} \frac{\partial c_t}{\partial \boldsymbol{X}_u}\mathrm{d}\boldsymbol{X}_u + \int_t^{t+\tau}\left\{\frac{\partial c_u}{\partial S_u}S_u m_j^S - \frac{\partial c_u}{\partial \boldsymbol{X}_u}[\mu^X(\boldsymbol{X}_u^*) - \lambda^X(\boldsymbol{X}_u^*) - m_j^X(X_u^*)]\right\}\mathrm{d}u +$$
$$\Lambda(\boldsymbol{X}_t^*)^T\int_{-\infty}^{+\infty}\{[c_t(\boldsymbol{X}_t^* + \boldsymbol{Z}_t) - c_t(\boldsymbol{X}_t^*)]^\circ\mathrm{d}\boldsymbol{Z}_t - [c_t(\boldsymbol{X}_t^* + \boldsymbol{Z}_t) - c_t(\boldsymbol{X}_t^*)]^\circ\mathrm{d}\boldsymbol{Z}_t\}$$

$$(3.23)$$

注意 X_t 表示标的资产价格 S_t 之外的其他状态变量，$\mu^X(X_u^*)$、$\lambda^X(X_u^*)$ 和 $m_J^X(X_u^*)$ 表示其他状态变量对应的向量。根据式（3.15）

$$\mathrm{d}X_t^* = (\mu(X_t^*) - m_J(X_t^*))\mathrm{d}t + \sigma(X_t^*)^{\circ}\mathrm{d}B_t + \mathrm{d}Z_t$$

式（3.23）可以化简为

$$\prod_{\tau} = \int_t^{t+\tau} \frac{\partial c_u}{\partial X_u} \lambda^X(X_u^*)\mathrm{d}u + \int_t^{t+\tau} \frac{\partial c_u}{\partial X_u}\sigma^X(X_u^*)^{\circ}\mathrm{d}B_u^X + \int_t^{t+\tau} \frac{\partial c_u}{\partial X_u}\mathrm{d}Z_u^X + \int_t^{t+\tau} \left\{\frac{\partial c_u}{\partial S_u}S_u m_J^S\right\}\mathrm{d}u +$$

$$\Lambda(X_t^*)\int_{-\infty}^{+\infty} \{[c_t(X_t^* + Z_t) - c_t(X_t^*)]^{\circ}\mathrm{d}Z_t - [c_t(X_t^* + Z_t) - c_t(X_t^*)]^{\circ}\mathrm{d}\tilde{Z}_t\}$$

$$(3.24)$$

式（3.24）具有重要的意义。它表明，Delta 对冲组合的瞬时价值变动取决于五个部分：第一部分是衍生品价格对除标的资产之外其他状态变量[①]的一阶敏感性与其他状态变量连续扩散风险的风险溢酬的乘积，例如，在一个波动率为唯一其他状态变量的模型中（如随机波动率模型），这项就是衍生品价格对波动率的敏感性 $\frac{\partial c_t}{\partial \sigma_t}$ 与波动率风险溢酬的乘积；第二部分是衍生品价格对其他状态变量的一阶敏感性与其他状态变量波动项的乘积，同样以随机波动率模型为例，这项就是衍生品价格对波动率的敏感性 $\frac{\partial c_t}{\partial \sigma_t}$ 与波动率的波动率及其风险源的乘积；第三部分是衍生品价格对其他状态变量的一阶敏感性与其他状态变量跳跃项的乘积，在一个随机波动率跳跃模型中，它就是衍生品价格对波动率的敏感性 $\frac{\partial c_t}{\partial \sigma_t}$ 与波动率的跳跃项的乘积；第四部分是衍生品价格对标的资产价格的一阶敏感性 $\frac{\partial c_t}{\partial S_t}$ 与标的资产价格以及标的资产跳跃均值的

---

① 以下简称"其他状态变量"。

乘积;第五部分则是任意状态变量发生跳跃后,衍生品价格在现实世界与风险中性世界中的差,即跳跃风险溢酬。

当时间间隔 τ 极短时,式(3.24)的期望可以写成

$$
E_t\left[\prod{}_{\tau}\right] = E_t\left[\frac{\partial c_t}{\partial \boldsymbol{X}_t}\lambda^X(\boldsymbol{X}_t^*)\tau\right] + E_t\left[\frac{\partial c_t}{\partial \boldsymbol{X}_t}(\boldsymbol{Z}_{t+\tau}^x - \boldsymbol{Z}_t^x)\right] + E_t\left[\frac{\partial c_t}{\partial \boldsymbol{S}_t}S_t m_J^S\right]\tau +
$$

$$
E_t\{\Delta(\boldsymbol{X}_t^*)\left[(c_t(\boldsymbol{X}_t^* + \boldsymbol{Z}_t) - c_t(\boldsymbol{X}_t^*))^{\circ}(\boldsymbol{Z}_{t+\tau}\boldsymbol{Z}_t) - (c_t(\boldsymbol{X}_t^* + \boldsymbol{Z}_t) - \right.
$$

$$
\left. c_t(\boldsymbol{X}_t^*))^{\circ}(\boldsymbol{Z}_{t+\tau} - \boldsymbol{Z}_t)]\} \tag{3.25}
$$

和式(3.24)相比,式(3.25)少了一项,这是因为伊藤积分的期望值为零。而式(3.25)告诉我们,在一个多随机状态变量的世界中,Delta 对冲组合的期望值受到四个因素的影响:第一,标的资产之外的其他状态变量扩散部分的风险溢酬期望值的总和;第二,除了标的资产以外,其他状态变量短时间内跳跃幅度期望值的总和;第三,标的资产跳跃幅度的期望值;第四,所有状态变量的跳跃风险溢酬。

式(3.25)的最重要意义在于:这是一个可以用于实证研究的方程。例如,如果我们要检验除标的资产外的其他状态变量的风险溢酬是否为零,就可以Delta 对冲组合的收益率为因变量,以其他状态变量的风险溢酬的代理变量为自变量进行回归。自变量的系数若是显著,则说明其他状态变量的风险溢酬不为零[①]。具体的相应实证技术将在后续几章中详细说明。

3.5 模型风险、复制误差与跳跃风险:一个总结

在本章中,我们在学术界首次将复制误差定义为"初始定价与复制成本之

---

① Bakshi and Kapadia (2003)[59]正是用这种方法来检验波动率风险溢酬的。

间的差异"，首次提出了从复制误差角度考察模型风险的新思路，首次考察了参数复制策略与模型风险的关系，并第一次在多状态变量的 N 维跳跃扩散模型下，研究了 Delta 对冲组合在随机波动率跳跃模型假设下的具体表现，对模型风险的度量、影响途径和影响机制进行了深入分析，详细考察了模型风险、复制误差和跳跃风险之间的关系，为下一步的数值模拟研究和实证研究奠定了理论基础。本章的主要结论包括：

第一，由于复制误差与实务中交易员对冲操作账户的盈亏相对应，用其考察模型风险，更具可操作性；并且，以复制误差为研究对象可以避免对真实模型的依赖性，这构成了我们在第 4 章进行数值模拟研究和第 5 章、第 6 章进行实证研究的逻辑基础。

第二，模型风险对复制误差的影响可能通过三个途径体现：（1）模型设定偏误；（2）模型参数的随机性；（3）模型未涵盖全部风险源，尤其是跳跃风险。

第三，模型设定偏误会导致风险中性假设无法成立，累积 Delta 复制误差仍会受到标的资产风险源的影响。这意味着我们可以用 Delta 复制误差（或复制误差）与标的资产价格漂移率的相关性来检验模型风险。这就为我们在第 4 章进行的数值模拟提供了可检验的假说，也为第 5 章的实证检验模型中误差代理变量的设定提供了依据。

第四，近似模型的参数必然是随机的，这一随机性会导致复制误差，而且参数的连续重新校准无法克服这种参数变化带来的风险。相应引入的参数复制策略虽然在 Delta 复制策略之外，补充了参数变化风险的对冲，但仍存在系列不足，其效果同样需要通过模拟来检验。在第 4 章中，我们将在参数连续重新校准设置下，在不同的模型选择下，比较 Delta 复制策略与参数复制策略在各种情况下的稳健性。

第五，跳跃风险会影响衍生品复制策略（无论是 Delta 复制策略还是参数复制策略）的稳健性，是模型风险的最重要因素，对最后交易员账号的盈亏（累积复制误差)有很大的影响。如果标的资产价格的确存在跳跃但却在建模时被忽略,跳跃风险及跳跃风险溢酬将是 Delta 对冲组合收益率的重要组成部分。因此,我们可以通过在实证中检验 Delta 对冲组合收益率中是否包含跳跃风险和跳跃风险溢酬,考察是否存在跳跃风险被遗漏的问题。基于这一思想和推导出的方程,在第 5 章和第 6 章中,我们分别在美国期权市场上检验了跳跃风险溢酬,在中国市场上通过随机贴现因子构建桥梁,检验了中国市场上的跳跃风险溢酬。

4

数值模拟

在第 3 章中，本书已经从理论上分析了从复制误差的角度考察模型风险的优点，并对模型风险、复制误差与跳跃风险的关系进行了深入而全面的讨论。在接下来的 3 章中，我们将对模型风险与复制误差问题进行更为翔实的研究。本章主要进行数值模拟研究，第 5 章和第 6 章则分别运用美国市场和中国市场的真实数据进行研究。

本章主要包括三方面的内容：4.1 节首先介绍数值模拟在模型风险研究中的优点和基本原理；接下来在 4.2 和 4.3 节中介绍本章进行数值模拟所采用的主要模型、模拟技术和研究思路；最后一部分，4.4 节，是本章的重点，针对不同情形展开模拟分析。4.4 的研究工作具体又可分为两个方面：其一，考察和比较不同近似模型在不同复制策略下的复制误差和模型风险；其二，针对第 3 章所做的理论分析，考察各种因素对复制误差和模型风险可能产生的影响。

本章的模拟分析具有两个作用：首先，从多角度对市场中常用模型的复制误差进行分析和比较，从而能够更深刻更直观地理解模型风险及其可能的影响因素;其次,尽管本章数值模拟中的真实模型、近似模型、衍生品品种都是人为设定的,但本章的研究方法是具有一般意义的。

4.1 数值模拟:优点与基本原理

一谈及数据分析和实证研究,人们往往感觉真实数据分析优于模拟数据分析。其实不然。在一些问题的研究中,模拟数据分析往往有着真实数据分析所不具备的优点。

对于模型风险的研究来说,使用真实数据的好处在于,得到的结论直接反映的是真实市场的规律,可以直接比较不同复制方法在市场上的实用性。然而使用真实数据也会带来一些无法弥补的缺点。首先是真实数据的不可控性。从第3章中可以看出,由于复制误差受到很多因素的影响,要考察模型风险,往往需要控制其他因素,对某个因素进行比较静态分析,而真实市场的所有因素总是同时在发生变化,这导致我们很难一一对应地进行这样的比较静态分析。其次,真实世界中的所有状态变量各自只有一条变化的路径,这使得模型风险研究结果的稳定性受到样本偏差的质疑。

而采用模拟数据则可以克服这些缺点:首先,在数值模拟中,我们可以人为设定其他因素不变,从而进行比较静态分析,得到所需的结论;其次,在数值模拟中,我们可以进行大量甚至无数次的模拟,构造出状态变量可能的大量随机路径,从而在大样本下得到具有统计意义和稳健性的结论。

因此,在这一章中,我们将运用模拟数据来研究模型风险、复制误差和跳跃风险等问题。

运用数值模拟来研究模型风险等相关问题,其基本思路和实施过程为:首先,本章假设标的资产的价格服从一个较为复杂的跳跃扩散随机波动率模型,

并且,假设市场上存在的期权,其价格是用这个假设的真实模型计算出来的;
其次,本章用一些近似模型,比如 BSM 模型、局部波动率模型等来对真实模
型算出的期权价格进行校准,得到近似模型的参数,并用这些参数进行 Delta
复制以及参数复制;接下来,随着标的价格的变动(通过蒙特卡洛模拟)和期权
价格的变动(根据标的价格和假设的真实模型参数计算出),每隔一段时间就
对参数进行重新校准,并进行对冲,计算出期权到期时候的累积复制误差;最
后,再对复制误差所受到的影响进行研究。

4.2　模型设定

本书假设随机波动率跳跃模型(Bates (1996)[5])为真实模型,对该模型
的离散化方法我们采用 IJK-IMM 方法(Lord,Koekkoek,and Van Dijk
(2008)[60])。另外用 BSM 模型、Heston-Nandi (Heston and Nandi
(2000)[61])模型、局部波动率模型(Dupire (1994)[4])以及 stochastic alpha,
beta,rho(以下简称 SABR)模型(Hagan,Kumar and Lesniewski (2002)[62])
作为定价和复制所使用的近似模型。选用随机波动率跳跃模型(stochastic
volatiltiy jump models,以下简称 SVJ 模型)作为真实模型的原因在于,大量
实证检验表明,在众多常用模型中,SVJ 模型可以较好地拟合市场数据(Bak-
shi , Cao and Chen (1997)[6])。选用 BSM 模型、Heston-Nandi 模型(以下简
称 H-N 模型)、局部波动率模型(local volatility model,以下简称 Local 模
型)、SABR 模型作为近似模型的原因在于,上述模型都是业界在实务中定价
和复制时的常用模型。尽管在数值模拟中,无论是真实模型还是近似模型的
选择,都可以具有一定的任意性,但选用接近市场真实状况的模型,可以提高
数值模拟结果的可信度和可用性。

此外,在进行参数校准时,本章采用等权重的近似模型隐含波动率与真实隐含波动率的方差最小化为目标函数。

下面简单介绍所采用的模型。

BSM 模型

BSM 模型是由 Black and Scholes (1973)[1] 和 Merton (1974)[2] 提出的经典模型,其特点在于假设标的资产价格服从几何布朗运动。在风险中性世界中几何布朗运动的未知参数仅有波动率一个,这使得该模型在参数校准上非常方便。在风险中性世界,标的资产价格服从如下过程:

$$dS_t = rS_t dt + \sigma S_t dW_t$$

其中,r 为无风险利率,σ 为股票的波动率。则在几何布朗运动的框架下,一个执行价格为 K,到期期限为 T 的看涨期权的价格为

$$C = S_0 N(d_1) - Ke^{-rT} N(d_2) \tag{4.1}$$

其中

$$d_1 = \frac{\ln(S/K) + (r + \sigma^2/2)T}{\sigma\sqrt{T}}$$

$$d_2 = d_1 - \sigma\sqrt{T}$$

局部波动率模型

局部波动率模型由 Dupire (1994)[4] 提出,该模型的特点是,波动率是标的资产价格的某个函数。在风险中性世界下,该模型可表示为

$$dS_t = rS_t dt + \sigma(S_t, t)S_t dW_t$$

$$\sigma^2_{loc} = \frac{\frac{\partial C}{\partial T} + rK\frac{\partial C}{\partial K}}{\frac{1}{2}K^2\frac{\partial^2 C}{\partial K^2}}$$

$$\sigma^2_{imp}T = \int_0^T \sigma^2_{loc}(t)dt \tag{4.2}$$

　　Local 模型的优点在于可以较好地拟合整个波动率曲面，并且可以较为自由地选择所需的局部波动率函数。一般认为局部波动率是时间和相对价值（moneyness）的函数。

Heston-Nandi 模型

　　H-N 模型是 Heston 模型的简化。Heston 模型由 Heston (1993)[3] 提出，是最早的随机波动率模型之一，其假设波动率服从 CIR 过程，具有均值回复的特性，标的资产和波动率之间的相关性为 ρ。在风险中性世界中，该模型可表示为

$$dS_t = rS_t dt + \sqrt{V_t} S_t dW_t^1$$

$$dV_t = \kappa(\theta - V_t)dt + \omega \sqrt{V_t} dW_t^2$$

$$dW_t^1 dW_t^2 = \rho dt$$

　　其中，κ 为波动率的均值回复速度，θ 为波动率的长期均值，ω 为波动率的波动率，ρ 为标的资产与波动率的相关系数。在风险中性世界中，假设 Heston 模型波动率的风险价格为零时，香草期权的价格必须通过傅立叶变换得到，为

$$C = e^{-r\tau}\Big[\frac{1}{2}(F - K) + \frac{1}{\pi}\int_0^\infty (Ff_1 - Kf_2)du\Big] \tag{4.3}$$

其中

$$f_1 = \mathrm{Re}(\frac{e^{-iu\ln K}\varphi(u - i)}{iuF})$$

$$f_2 = \mathrm{Re}(\frac{e^{-iu\ln K}\varphi(u)}{iu})$$

上式中 $\varphi(u)$ 为 $\ln S_T$ 的特征函数，F 为标的资产的远期价格

$$\varphi(u) = E(e^{iu\ln S_T}) = e^{C(\tau,u) + D(\tau,u)V_0 + iu\ln F}$$

$$C(\tau,u) = \frac{\kappa\theta}{\omega^2}\Big\{(\kappa - \rho\omega ui + d(u))\tau - 2\ln(\frac{c(u)e^{d(u)\tau} - 1}{c(u) - 1})\Big\}$$

$$D(\tau,u) = \frac{\kappa - \rho\omega ui + d(u)}{\omega^2}\Big\{\frac{e^{d(u)\tau} - 1}{c(u)e^{d(u)\tau} - 1}\Big\}$$

$$c(u) = \frac{\kappa - \rho\omega ui + d(u)}{\kappa - \rho\omega ui - d(u)}, d(u) = \sqrt{(\rho\omega ui - \kappa)^2 + iu\omega^2 + \omega^2 u^2}$$

$$\tau = T - t$$

$$F = S_t e^{r(T-t)}$$

当 $\rho = -1$ 时,Heston 模型转化为 H-N 模型。这样假设的好处在于减少了风险源的个数,并且可以获得隐含波动率的近似解析解。

SABR 模型

Hagan,Kumar and Lesniewski(2002)[63]提出了 SABR 模型,并且指出由于市场上存在的普通香草期权可以用于对冲波动率风险,因此随机波动率模型是一个完全市场模型。在风险中性世界下,该模型可表示为

$$dF_t = \alpha_t F_t^{\,\beta} dW_t^1$$

$$d\alpha_t = \nu\alpha_t dW_t^2$$

$$dW_t^1 dW_t^2 = \rho\, dt$$

SABR 模型和随机波动率模型的不同之处在于,在该模型下,标的资产价格服从一个不变方差弹性(constant elasticity of variance,简称 CEV 过程),而波动率则服从维纳过程。运用奇异摄动(singular perturbation)的方法,Hagan,Kumar and Lesniewski(2002)[63]获得了普通看涨期权隐含波动率的解

$$C = D(\tau)\{fN(d_1) - KN(d_2)\}$$

$$d_{1,2} = \frac{\ln(f/K) \pm \frac{1}{2}\sigma_{imp}^2\tau}{\sigma_{imp}\sqrt{\tau}} \tag{4.4}$$

$$\sigma_{imp} = \frac{\alpha}{(fK)^{(1-\beta)/2}\left\{1 + \frac{(1-\beta)^2}{24}\ln^2(f/K) + \frac{(1-\beta)^2}{1920}\ln^4(f/K) + \cdots\right\}}\left(\frac{z}{x(z)}\right)$$

$$\left\{1 + \left[\frac{(1-\beta)^2}{24}\frac{\alpha^2}{(fK)^{1-\beta}} + \frac{1}{4}\frac{\rho\beta\nu\alpha}{(fK)^{(1-\beta)/2}} + \frac{2-3\rho^2}{24}\nu^2\right]\tau + \cdots\right\}$$

其中

$$z = \frac{\nu}{\alpha}(fK)^{(1-\beta)/2}\ln(f/K)$$

$$x(z) = \ln\left\{\frac{\sqrt{1-2\rho z+z^2}+z-\rho}{1-\rho}\right\}$$

随机波动率跳跃模型

Bates(1996)[5]在随机波动率模型的基础上引入跳跃,发展出 SVJ 模型,形如

$$dS_t = rS_t dt + \sqrt{V_t} S_t dW_t^s + dZ_t$$

$$dV_t = \kappa(\theta - V_t)dt + \omega \sqrt{V_t} dW_t^v$$

$$dW_t^s dW_t^v = \rho dt$$

其中 Z_t 是一个密度为 λ 的复合泊松过程,其每次跳跃 J 是各自独立的,并且服从 $\ln(1+J) \sim N(\ln(1+\bar{k})-\frac{1}{2}\delta^2, \delta^2)$ 的分布。

在本书中,由于假设真实过程是 SVJ 模型,因此我们实际上做了不完全市场的假设,这比较符合现实情况。在 SVJ 模型下,欧式看涨期权的价格同样可以通过对其特征函数做傅立叶逆变换得到。由于跳跃过程和扩散过程之间相互独立,因此在随机波动率跳跃模型中,股票价格对数的特征函数等于扩散过程的特征函数乘以跳跃过程的特征函数。

$$C = e^{-rr}\left[\frac{1}{2}(F-K) + \frac{1}{\pi}\int_0^\infty (Ff_1 - Kf_2)du\right] \qquad (4.5)$$

其中

$$f_1 = \mathrm{Re}\left(\frac{e^{-iu\ln K}\varphi(u-i)}{iuF}\right)$$

$$f_2 = \mathrm{Re}\left(\frac{e^{-iu\ln K}\varphi(u)}{iu}\right)$$

$$\varphi(u) = E(e^{iu\ln ST}) = e^{C(\tau,u) + D(\tau,u)V_0 + iu\ln F} \cdot e^{t\lambda(e^{-\delta^2 u^2/2 + i(\ln(1+\bar{k}) - \frac{1}{2}\delta^2)x} - 1)}$$

$$C(\tau,u) = \frac{\kappa\theta}{\omega^2}\left\{(\kappa - \rho\omega ui + d(u))\tau - 2\ln(\frac{c(u)e^{d(u)\tau} - 1}{c(u) - 1})\right\}$$

$$D(\tau,u) = \frac{\kappa - \rho\omega ui + d(u)}{\omega^2}\left\{\frac{e^{d(u)\tau} - 1}{c(u)e^{d(u)\tau} - 1}\right\}$$

$$c(u) = \frac{\kappa - \rho\omega ui + d(u)}{\kappa - \rho\omega ui - d(u)}, d(u) = \sqrt{(\rho\omega ui - \kappa)^2 + iu\omega^2 + \omega^2 u^2}$$

$$\tau = T - t$$

$$F = S_t e^{(r - \lambda\bar{k})(T-t)}$$

4.3 模拟技术与研究思路

本节将详细介绍模拟技术与研究思路,具体包括模拟模型的参数设置、被复制期权的参数设置以及模拟所需要检验的具体假说三个部分。

4.3.1 模型参数的设置

在模拟中,我们假设的真实模型是随机波动率跳跃模型,它能够模拟市场上的跳跃现象。在该模型中,跳跃的到来服从泊松分布,可以推导出跳跃时间的间隔服从指数分布。在模拟中,我们就先用指数分布模拟出每次跳跃的间隔,累加即可得跳跃到达的时间。接下来,将每次跳跃的幅度(服从对数正态分布)加到随机波动率模型的股票价格上,我们就得到了随机波动率跳跃模型假设下的股票价格序列。将连续模型离散化的方法为 IJK-IMM 方法,即

$$V_{t+\Delta t} = V_t - \kappa\Delta t(V_{t+\Delta t} - \theta) + \omega\sqrt{V_t} \cdot \Delta W_t^v + \frac{1}{4}\omega^2 \cdot (\Delta W_t^{v2} - \Delta t)$$

$$\ln S_{t+\Delta t} = \ln S_t + \mu \Delta t - \frac{1}{4}\Delta t (V_t + V_{t+\Delta t}) + \rho \sqrt{V_t}\Delta W_t^v + \frac{1}{2}(\sqrt{V_t} + \sqrt{V_{t+\Delta t}}) \cdot$$

$$(\Delta W_t^{~s} - \rho \Delta W_t^v) + \frac{1}{4}\omega \rho (\Delta W_t^{v~2} - \Delta t)$$

其中,(4.6)中的参数与(4.5)中的参数含义一致。

我们给定标的资产的初始价格 $S_0 = 12$,无风险利率 $r = 0.02$,随机波动率跳跃模型中的波动率与标的资产的相关性 $\rho = -0.3$,初始波动率为 0.0625,波动率的均值回复速度 $\kappa = 5$,波动率的波动率 $\omega = 0.25$,长期均值为 $\theta = 0.0625$。跳跃过程的参数为,跳跃幅度服从 $\ln(1+J) \sim N((1+\bar{k}) - \delta^2, \delta)$ 的对数正态分布,其中跳跃幅度的均值 $\bar{k} = -0.1$,跳跃幅度的波动率 $\delta = 0.1$,跳跃到达的泊松过程服从密度(即跳跃的频率)$\lambda = 0.5$。

4.3.2 被复制期权与模拟中已存在期权的相关说明

我们设定被复制的期权的执行价格 K 为 12 元。由于到期时间和复制的期限相等,因此,我们选取了 50 天、100 天以及 150 天三个到期期限的期权来进行研究(后文的模拟结果中有说明)。

另外,在校准模型参数时,我们假设市场上已存在 30 个期权,其到期时间分别为 1、2、3、6、9 以及 12 个月,在值程度为 0.8、0.9、1、1.1、1.2,这些期权的价格是用 SVJ 模型计算出来的。每一次复制时都用近似模型对于存在的这30 个期权进行校准,以得到更新的近似模型参数。

蒙特卡洛模拟的次数为 50 次。这里需要说明的是,为了考虑校准频率的影响,在模拟的每条路径中,我们都要在进行大量的校准(比如,5 分钟为频率的校准对于 50 天期权来说就要进行 $48 \times 50 = 2\,400$ 次[①]),而每一次校准都涉

---

① 我们假设每天市场交易时间为 4 小时。

及非常复杂的非线性最优化问题[①]，因此，计算量极其庞大。比如，在本人可以获得的硬件条件下（主要结果都是使用超级计算机在不同终端上同时运算），50 天期权的 50 次模拟需要 8 天时间才能跑出所有近似模型的累积复制误差。考虑到模拟次数的稳健性问题，我们做了少部分的 100～200 次的结果发现，由于存在对冲过程，因此复制误差受到路径的影响和用 50 次模拟得出的结论基本相同。

4.3.3 待检验的假说

根据第 3 章的理论和推导的相应结论，本章用复制误差作为研究对象，研究复制误差的各种统计性质对于模型选择和复制策略选择的敏感性。

首先，本章将通过复制误差来考察在实际操作中模型风险对交易员交易账户盈亏的影响；其次，在实际操作中影响复制误差的除了模型风险以外，还有交易员所使用的具体复制策略，因此，本章同时使用了 Delta 复制策略和参数复制策略来进行衍生品的复制，并观察这两种复制策略在不同模型下的表现；另外，由于参数复制策略实际上要用衍生品来对衍生品进行复制，因此，它还可能受到所使用的衍生品工具不同的影响，所以，本章也分析了复制工具的差异对于复制误差的影响；最后，在不同经济环境下，模型风险对于复制误差的影响程度可能有所差异，本章将通过改变假设的真实模型参数来刻画这一现象，从而找到不同经济环境对于复制误差的影响。

本质上，该研究最为复杂的一点在于，由于代表着交易员账户盈亏的复制误差受到上述几个方面的交叉影响，因此，我们需要控制住其他变量从多个角度用比较静态分析来讨论各个影响因素的具体影响程度，最后，再通过复制误

---

① 尤其是在校准 Heston-Nandi 和 SABR 模型，涉及多参数以及傅里叶变换和奇异摄动点的展开等复杂的最优化函数时，我们还使用了遗传算法来确定模型参数的初始值。

差的具体路径来直观地展示复制误差在路径内的波动情况。

正是由于这个原因,下文的模拟结果会同时报告在不同模型下、不同复制策略下的复制误差及其相应属性。

具体而言,本章将通过数值模拟证明以下几个假说:

假说 1:复制误差将受到模型选择的影响。

假说 2:复制误差将受到 Delta 复制策略与参数复制策略这两种不同策略的影响。

假说 3:在参数复制策略中,复制误差受到不同对冲工具的影响。

假说 4:不同经济环境对于模型风险的影响不同(包括三个子假说)

子假说 1:现实的漂移项不同对于复制误差有影响。

子假说 2:波动率的变化对于复制误差有影响。

子假说 3:跳跃频率对于复制误差有影响。

4.4 数值模拟结果与分析

以下分别从六个方面报告最后的数值模拟结果,并对其进行分析。即不同近似模型下 Delta 复制误差与参数复制误差的比较、参数复制策略对不同复制工具的敏感度分析、现实测度对复制误差的影响、状态变量的波动对复制误差的影响(包括波动率变化和跳跃频率的变化)以及不同模型与复制策略的复制误差的路径图。

4.4.1 不同近似模型的 Delta 复制误差与参数复制误差比较

在这一部分,我们首先对 Delta 复制策略和参数复制策略下,不同复制频率、不同近似模型的复制误差及其基本统计性质进行分析,从而对假说 1 和假说

2 进行验证,对不同模型的模型风险获得初步的认识。具体结果报告在表 4.1 和表 4.2 中。基于第 3 章中的分析,其中最具有信息含量的是复制误差的标准差数据,可以用于比较不同近似模型、不同复制策略的模型风险的稳定性。

表 4.1 和表 4.2 向我们揭示了许多有趣的现象:

第一,在不同的复制策略、复制频率和到期时间长度下,总体而言 BSM 模型的复制误差最小。具体来看,在简单的 Delta 复制策略下,如果从复制误差的均值来看,除了 SABR 模型在各种复制频率和时间长度下表现都比较差之外,其他 3 种近似模型各有千秋,难分高下;但如果从复制误差的标准差来看,BSM 模型在各种情形下均为最优,也就是说,BSM 模型复制误差的波动最小。而在参数复制策略下,无论从复制误差的均值还是标准差来看,简单的 BSM 模型均表现最好,远远胜过其他更为复杂的模型。这个发现再一次向我们证实了一个规律:简单的,常常反而是最好的。

第二,在不同的近似模型下,参数复制策略和 Delta 复制策略各有优劣。图 4.1～4.4 比较了不同近似模型下,两种复制策略复制误差的标准差。可以看出,如果采用 BSM 模型作为近似模型,从复制误差均值和标准差来看,参数复制策略基本都优于 Delta 复制策略;如果采用局部波动率模型,两种复制策略差异不大;在 Heston-Nandi 模型下,参数复制误差的标准差总体较小,复制误差相对稳定;但在 SABR 模型下,参数复制误差却表现出很高的波动,明显劣于 Delta 复制策略。大体可以看出,采用简单模型进行复制时,策略可以略为复杂一些,参数复制策略较优;模型较为复杂时,我们的模拟结果倾向于较为简单的 Delta 复制策略。

第三,从复制频率上看,除了在 BSM 模型下、采用 Delta 复制策略时,5 分钟复制频率的复制误差波动比较明显地大于 1 分钟复制频率的复制误差波动,其他情形下,每 5 分钟复制一次和 1 天复制一次差异不大,这意味着在真实对冲的时候如果将交易成本纳入考虑,复制频率过高并不一定是最好的。

第四,观察表 4.1 和 4.2 可以发现,在不同的复制策略和复制频率下,各个近似模型复制误差的均值都为正数,并且随着时间长度的增加而减小。这主要是因为真实模型假设为 SVJ 模型,而 SVJ 模型由于考虑了更多的风险源(同时考虑扩散、跳跃和随机波动率三个风险源),其价格必然高于其他模型的模型价格;而随着期权期限的延长,这种模型间的定价差异会逐渐减小。这个问题从复制角度进行分析就是:定价误差为正,容易导致复制误差也为正;而当正的定价误差随时间延长而减小时,复制误差也同样随之减小。

需要再次强调的是,在进行数值模拟时,这样的现象,即由于假设的真实模型的自身性质所引起的定价高低估对模型风险的研究并没有影响。因为本章的研究目的并不在于衡量绝对的模型风险,而在于比较各个模型之间的相对模型风险,关注的是近似模型复制误差的相对变化和相对稳定性。

表 4.1　Delta 复制策略的复制误差(50 次模拟)

50 个交易日(日)	BSM	Local	H-N	SABR
均　值	0.2146	0.1748	0.1784	0.2719
中　值	0.2298	0.2023	0.2435	0.2603
最大值	0.5462	0.5362	0.5829	0.6139
最小值	−0.0560	−0.1982	−0.4224	−0.0635
标准差	0.1438	0.1876	0.2689	0.1639
100 个交易日(日)	BSM	Local	H-N	SABR
均　值	0.0850	0.0860	0.0566	0.2286
中　值	0.1202	0.1455	0.1378	0.2084
最大值	0.3397	0.4090	0.4286	0.6716
最小值	−0.2284	−0.5772	−0.6894	−0.6572
标准差	0.1466	0.2436	0.2836	0.2814

续表

150 个交易日（日）	BSM	Local	H-N	SABR
均　值	0.01503	0.01136	0.0340	0.0984
中　值	0.0127	−0.0095	0.1141	0.0472
最大值	0.3099	0.4291	0.4660	0.6238
最小值	−0.4444	−0.5633	−0.6818	−0.3997
标准差	0.1709	0.2247	0.2732	0.2607
50 个交易日（5 分钟）	BSM	Local	H-N	SABR
均　值	0.1853	0.1379	0.1270	0.2370
中　值	0.1852	0.1582	0.1687	0.2208
最大值	0.3992	0.4337	0.4903	0.5579
最小值	−0.0190	−0.2848	−0.5402	−0.1549
标准差	0.0946	0.1561	0.2468	0.1663
100 个交易日（5 分钟）	BSM	Local	H-N	SABR
均　值	0.0792	0.0796	0.0498	0.1955
中　值	0.1017	0.0955	0.1195	0.1827
最大值	0.316252	0.4033	0.4346	0.7105
最小值	−0.1960	−0.3947	−0.5199	−0.3859
标准差	0.1273	0.2300	0.2690	0.2940
150 个交易日（5 分钟）	BSM	Local	H-N	SABR
均　值	0.0184	0.0158	0.0281	0.0787
中　值	0.0156	0.0050	0.1050	0.0415
最大值	0.3223	0.4481	0.4838	0.6502
最小值	−0.3410	−0.3934	−0.6106	−0.4377
标准差	0.1550	0.2171	0.2726	0.2738

注：括号中表示复制频率为每天 1 次或 5 分钟 1 次。

表 4.2　参数复制策略的复制误差(50 次模拟)

50 个交易日(日)	BSM	Local	H-N	SABR
均值	0.1681	0.2833	0.2613	0.4244
中值	0.1637	0.2437	0.1704	0.3081
最大值	0.4815	0.6525	0.6986	1.5676
最小值	−0.0797	−0.0628	−0.1683	−0.0848
标准差	0.1230	0.2166	0.2607	0.4456
100 个交易日(日)	BSM	Local	H-N	SABR
均值	0.0631	0.1922	0.1735	0.5329
中值	0.0658	0.1691	0.1608	0.3484
最大值	0.2741	0.6572	0.5871	2.7092
最小值	−0.2100	−0.2958	−0.2420	−0.1410
标准差	0.0962	0.2206	0.2156	0.6047
150 个交易日(日)	BSM	Local	H-N	SABR
均值	0.0282	0.1212	0.0797	0.1134
中值	0.0033	0.0763	0.02499	0.0278
最大值	0.2903	0.6384	0.4660	2.0208
最小值	−0.3194	−0.1533	−0.32985	−0.8193
标准差	0.1387	0.2061	0.1724	0.3970
50 个交易日(5 分钟)	BSM	Local	H-N	SABR
均值	0.1401	0.2508	0.1605	0.3199
中值	0.1623	0.2197	0.0847	0.1553
最大值	0.3327	0.6147	0.6385	1.4544
最小值	−0.0592	−0.0961	−0.2739	−0.1020
标准差	0.1019	0.2180	0.2499	0.4065

续表

100 个交易日(5 分钟)	BSM	Local	H-N	SABR
均值	0.0539	0.1858	0.1355	0.3546
中值	0.0686	0.1410	0.1528	0.2229
最大值	0.2197	0.6609	0.5862	1.6120
最小值	−0.1085	−0.1619	−0.2856	−0.0915
标准差	0.0830	0.2161	0.2070	0.4376
150 个交易日(5 分钟)	BSM	Local	H-N	SABR
均值	0.0275	0.1210	0.1024	0.0578
中值	0.0051	0.0699	0.0329	0.0147
最大值	0.2553	0.6367	0.4880	0.6335
最小值	−0.2132	−0.1707	−0.2446	−1.0254
标准差	0.1342	0.2128	0.1792	0.3012

注:括号中表示复制频率为每天 1 次或 5 分钟 1 次。

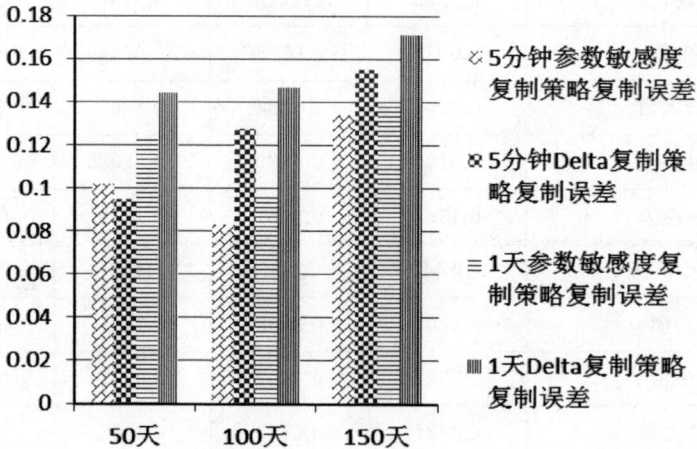

5分钟参数敏感度复制策略复制误差

5分钟Delta复制策略复制误差

1天参数敏感度复制策略复制误差

1天Delta复制策略复制误差

(a)BSM 模型的复制误差标准差

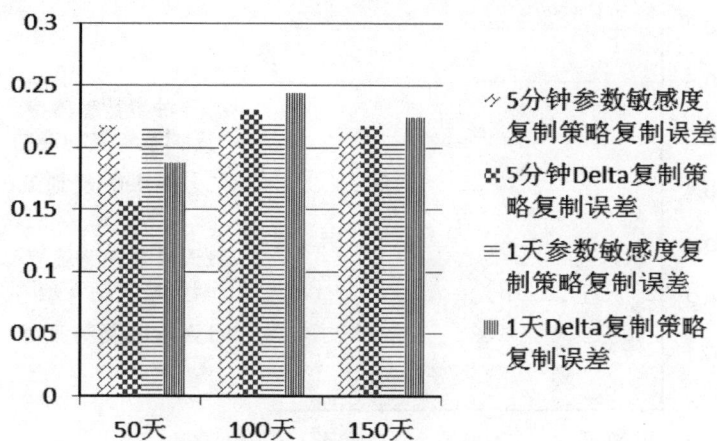

（b）局部波动率模型的复制误差标准差

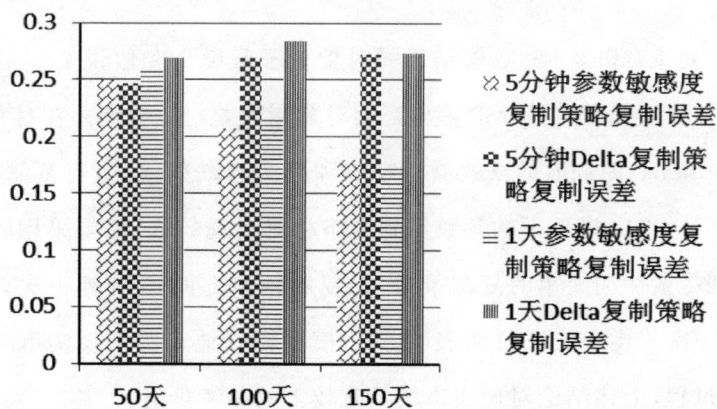

（c）H-N 模型的复制误差标准差

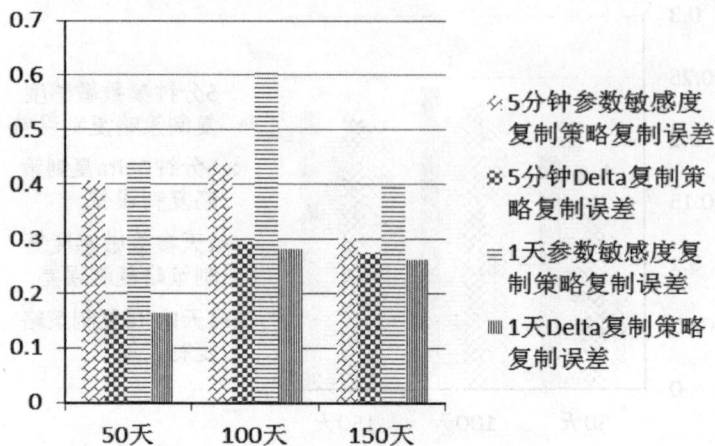

（d）SABR 模型的复制误差标准差

图 4.1　各近似模型的复制误差标准差比较

总之，表 4.1 和 4.2 的数据结果同时检验了假说 1 和假说 2，结论表明无论模型的差异还是复制策略的差异都会对复制误差产生影响。在对香草期权（vanilla options，即普通的欧式看涨期权和欧式看跌期权）进行复制时，BSM模型，尤其是 BSM 模型下的参数复制策略相对表现较好；如果采用较为复杂的模型，则尽量使用简单的复制策略；在复制频率方面，5 分钟一次并不明显优于每天一次。由于实证研究表明 SVJ 模型较好地刻画了现实市场的资产价格随机过程，上述结论对现实市场具有较大的参考价值。

然而，必须说明的是，由于本章模拟复制的对象是香草期权，此处的结论（包括本章接下来的研究结果）都仅针对香草期权成立。普通欧式期权的回报函数中不包含其他状态变量，因此 BSM 模型的简洁性质带来了复制误差的稳定性。但对于一个回报函数中含有其他状态变量的衍生品（如高阶矩衍生品等），上述结论就未必成立。但本章中的模拟方法、研究视角和考察思路则具有一般性。当遇到复杂衍生品时，交易员可以用本章的方法检验其模型风险以及复制误差的特征与性质。

4.4.2 参数复制策略对不同复制工具的敏感度分析

在比较了不同近似模型和不同复制策略的效果之后,接下来我们将从不同的角度考察那些可能影响复制误差和模型风险的因素,将会给复制策略带来怎样的影响。在本节当中,我们首先针对参数复制策略具有对复制工具较为敏感的特点,用不同期限的看涨和看跌期权产品来进行参数复制策略,并通过最后的累积复制误差来分析参数复制策略对于不同复制工具的敏感性,即证明前文的假说 3。

具体方法为:构造 3 个复制组合,在每组中分别选择了四个不同期限的平价看涨和看跌期权,如表 4.3 所示,组合期限是递增的。然后进行参数复制,最终的复制误差均值和标准差报告在表 4.4 和表 4.5 中。

表 4.3　参数复制工具期限 (年)

	看涨 1	看涨 2	看跌 1	看跌 2
参数复制组合 1	0.3	0.45	0.35	0.55
参数复制组合 2	0.5	0.8	0.7	1
参数复制组合 3	1	1.2	1.1	1.5

表 4.4　复制误差均值

近似模型	参数复制组合 1	参数复制组合 2	参数复制组合 3	Delta 复制策略
BSM 模型	0.1617	0.2259	0.2595	0.2098
局部波动率模型	0.2562	0.2662	0.1637	0.1508
Heston-Nandi 模型	0.2580	0.9304	57.2601	0.1603
SABR 模型	0.4219	0.6614	1.9753	0.2528

表 4.5　复制误差标准差

近似模型	参数复制组合 1	参数复制组合 2	参数复制组合 3	Delta复制策略
BSM 模型	0.1171	0.1617	0.1762	0.1709
局部波动率模型	0.2146	0.2049	0.1617	0.1969
Heston-Nandi 模型	0.2419	0.8953	71.8533	0.2753
SABR 模型	0.4950	0.6006	2.5437	0.1833

表 4.3 到表 4.5 证实了前文的假说 3。仔细观察表 4.3～表 4.5 我们可以发现，随着复制工具的期限与被复制工具的期限差距的增大，在 Heston-Nandi 模型和 SABR 模型下，参数复制误差均值和标准差都是不收敛的；而 BSM 模型和局部波动率模型的参数复制策略效果则与复制工具的差异无明显关系。其原因可能在于：使用 BSM 模型和局部波动率模型做参数复制时，都只需引入 1 个衍生工具来对冲参数风险；但在使用 Heston-Nandi 和 SABR 模型时，都需要引入 4 个衍生工具来对冲参数风险。由于模型参数的真实过程难以判断，并且复杂模型的校准容易造成参数的跳动，在这样情形下的参数复制策略将极不稳定。这和 4.4.1 节中的一个结论是一致的：模型复杂时，如果再采用复杂的复制策略，效果可能并不好。

在进行参数复制策略时，我们要做的其中一个步骤是解方程组。在模拟中，我们发现有的时候方程组会解出对冲所需的头寸大于 1 的情况，可以想象对于一个参数复制策略，如果对冲产品的头寸大于 1，那么在下次对冲时，持有的这个原本用来对冲的产品的参数风险暴露就非常大，这样使得下一时刻解另一组方程组的解也出现这个问题。根据观察，我们发现当对冲所需的衍生品头寸变动大于 1 的时候，复制策略很可能陷入一个正反馈的循环，从而导致用来对冲的衍生品头寸不断增加。这个现象的现实意义是：在实际中，每一次使用参数复制策略进行复制的时候，交易员必须对头寸变动大于 1 的复制组合给予极大关注，否则就会陷入正反馈的不良怪圈。

解决参数复制策略不稳定的办法,除了尽量减少参数个数外,还可以通过用仅含有单一参数风险的衍生品来进行对冲[①],比如用方差互换(variance swap)来专门规避波动率风险等。单一风险的衍生品用作复制对冲的工具,其稳定性比多参数风险的衍生品效果要好得多。但是并非所有的参数在市场上都能够找到相应的单一衍生品,因此如何用各种不同产品来对冲参数风险将是另一个值得研究的问题。

4.4.3 现实测度对复制误差的影响

在第 3 章中,我们在理论上已经提出,如果模型设定是错误的,那么复制策略所得出的标的资产的头寸也是错的,最后导致对冲策略无法消除真实世界风险源的影响,也就使得复制误差会受到标的资产现实漂移率的影响[②]。在这章中,我们先用数值模拟来说明这个问题。在模拟中,我们固定其他参数,并生成同样的随机数,但改变标的资产的漂移率(u)来生成不同的标的资产随机过程。然后在不同的随机过程下进行复制,以此来考察不同的漂移率 u(即真实测度的变化)对错误模型假定下复制误差的影响,即证明前文所提到的假说 4 的子假说 1。

由表 4.6 可以看出,不同的漂移率对复制结果的确有一定的影响,这证实了假说 4 中子假说 1 的正确性。表 4.6 中随着 u 的增大,Delta 复制策略复制误差的均值反而有所下降,这主要是因为:Gamma 以及其他高阶项并没有被复制。

---

① 本书的结果与 Bakshi, Cao and Chen (1997)[6] 的结果相对比可得出这样的结论。

② 比如 Delta 复制策略,我们从理论上可以算出一个 Delta 复制误差。这个复制误差使得衍生品对于标的一阶敏感性不会被完全对冲。而对于参数复制策略而言,由于漂移产生的复制误差无法直接得出,因此,只能通过模拟来检验。

表 4.6　真实测度改变对复制策略的影响(期限 50 天,20 条路径)

5 分钟 Delta 复制策略				
$u=0.02=r$	BSM	Local	Heston-Nandi	SABR
复制误差均值	0.1840	0.1331	0.1409	0.2297
复制误差标准差	0.0861	0.0763	0.0835	0.2220
$u=0.2$				
复制误差均值	0.1732	0.1238	0.1284	0.1900
复制误差标准差	0.0874	0.0747	0.0809	0.2125
$u=0.5$				
复制误差均值	0.1685	0.1222	0.0854	0.1395
复制误差标准差	0.1269	0.1369	0.1815	0.1431
5 分钟参数复制策略				
$u=0.02=r$	BSM	Local	Heston-Nandi	SABR
复制误差均值	0.1171	0.1076	0.0519	0.2066
复制误差标准差	0.0606	0.0558	0.0481	0.3169
$u=0.2$				
复制误差均值	0.1079	0.0993	0.0433	0.1551
复制误差标准差	0.0655	0.0587	0.0527	0.2593
$u=0.5$				
复制误差均值	0.1742	0.2650	0.0477	0.0869
复制误差标准差	0.1166	0.1418	0.1214	0.1479

注:r 表示无风险利率

　　对于一个看涨期权来说,它的 Gamma 是一个正数。当 u 较小的时候,由于每次复制的频率很短,所以股票的价格变动很小,Gamma 本身的作用也很小。但是当 u 增大的时候,如表中 u 达到 0.2 与 0.5 时,股票本身就有了一个很大的确定性变动,这个变动经常比随机项带来的影响更大[①]。所以,漂移项

---

　　① 尤其是当 u=0.5 时,波动率仅为 0.25,而标准正态所产生的随机数超过 2 的概率很小;标的的变化有 N(2)－N(－2)≈94.93% 的可能随机变动没有确定性变动的影响大。当 u=0.2 时,这个概率大约为 57.62%。而漂移为 0.07 时,这个概率仅为 22.06%。因此可以看出这里 u 的变化将导致 Gamma 的影响增大。

u 的变动实际上导致了 Gamma 的影响不可忽略,此处的看涨期权空头将导致复制者持有负 Gamma,从而使得收益降低。而对于参数复制策略来说,u 的变化对其影响较为不确定。

值得注意的是在本章中,我们还必须将由于真实模型设定所导致的数值变化的原因分离。因为在现实世界中,由于模型错误所导致的 Delta 误差的大小我们不能够确定。但是真实测度中漂移的变化导致单位时间内股价变动幅度的变化会使得风险中性世界的 Delta 复制策略有一个确定性的偏误[①]。而参数复制策略由于除了包含 Delta 复制策略之外,还包含了其他衍生品工具的对冲,因此,其内部作用是相互交错非常复杂的,具体的机理并不能通过简单经济含义分析得到,这也是我们面对复杂的复制策略时比较要做模拟的原因之一。

4.4.4 状态变量的波动对复制误差的影响

状态变量的波动会引起参数的波动加大,从而影响复制策略的效果。因此在这一节中,我们在模拟中设定状态变量的两种变化,考察其对复制误差的影响。

4.4.4.1 波动率变化为复制误差的影响

我们首先针对假说 4 的子假说 2,提高模拟 SVJ 模型随机波动率的波动 (omega),来测试状态变量的波动增大会对复制误差产生怎样的影响。

---

① 这种偏误会由于被复制产品的属性不同而不同,如复制看涨期权的空头,那么由真实测度的变化导致的偏误将使得复制者亏钱;而复制看跌期权的空头正好相反,将使得复制者赚钱。

表 4.7 状态变量波动率改变对复制策略的影响(期限 50 天,20 条路径)

5 分钟 Delta 复制策略				
omega＝0.15	BSM	Local	Heston-Nandi	SABR
复制误差均值	0.1906	0.1330	0.1463	0.2300
复制误差标准差	0.0739	0.0594	0.0818	0.2384
omega＝0.25				
复制误差均值	0.1779	0.1363	0.1456	0.2126
复制误差标准差	0.0901	0.0774	0.0909	0.1783
omega＝0.5				
复制误差均值	0.1760	0.1408	0.1361	0.1453
复制误差标准差	0.1231	0.1148	0.1446	0.1431
5 分钟参数复制策略				
omega＝0.15	BSM	Local	Heston-Nandi	SABR
复制误差均值	0.1168	0.0978	0.0571	0.3084
复制误差标准差	0.0527	0.0616	0.0677	0.6168
omega＝0.25				
复制误差均值	0.1165	0.1159	0.0505	0.0973
复制误差标准差	0.0630	0.0568	0.0476	0.5677
omega＝0.5				
复制误差均值	0.1143	0.1167	0.0516	0.4206
复制误差标准差	0.0816	0.0697	0.0657	1.4047

从表 4.7 中可以看出,除了 SABR 模型外,其他近似模型 5 分钟 Delta 复制误差的标准差均随着状态变量波动率的增大而增大,这表明状态变量的波动程度对错误模型下的 Delta 复制策略有着明显的影响,假说 4 的子假说 2 成立。但参数复制策略复制误差对波动率的敏感性并不明显,这在某种程度上说明,使用参数复制策略时,近似模型忽略状态变量的影响不会像 Delta 策略那么大,表明假说 4 的子假说 2 在一定情况下可以被复制策略的改进所弥补。

SABR 模型在两种复制策略下所呈现出的结果,与其他近似模型差异甚大。这可能是因为 SABR 模型作为一个多参数的复杂模型,其模型形式的设定与真实模型 SVJ 模型差别较大(比如,参数中包含了波动率的指数),导致其复制误差显著且不稳定。而其他三个模型的复制标准差差异不大的原因则可能在于:BSM 模型与局部波动率模型虽然与 SVJ 模型也存在较大的差异,但由于都只有一个被复制参数,因此复制结果相对较稳定;Heston-Nandi 模型的参数个数与 SABR 模型相同,但其过程更加接近 SVJ 模型,因此其复制效果也较为稳定。

4.4.4.2 跳跃频率的变化对不同复制策略复制误差的影响

跳跃也是状态变量波动的一种表现,在本节中,我们考察假说 4 的子假说 3,即跳跃频率(lamda)的变化会给复制误差带来怎样的影响。

表 4.8　跳跃频率改变对复制策略的影响(期限 50 天, 20 条路径)

5 分钟 Delta 复制策略				
lamda=0.5	BSM	Local	Heston-Nandi	SABR
复制误差均值	0.0529	0.1504	0.2098	0.7944
复制误差标准差	0.0823	0.1036	0.1378	0.3397
lamda=1				
复制误差均值	0.0670	0.1654	0.2034	0.7012
复制误差标准差	0.0766	0.1177	0.1526	0.4152
lamda=2				
复制误差均值	0.0909	0.4886	0.1129	0.3827
复制误差标准差	0.1763	0.6795	0.1561	0.3575
5 分钟参数复制策略				
lamda=0.5	BSM	Local	Heston-Nandi	SABR
复制误差均值	0.0126	0.0846	0.0894	0.9603
复制误差标准差	0.0541	0.0720	0.0941	0.2970

续表

lamda＝1				
复制误差均值	0.0241	0.0950	0.0889	1.3174
复制误差标准差	0.0481	0.0796	0.1000	0.6470
lamda＝2				
复制误差均值	−0.0164	0.1238	0.1569	0.5575
复制误差标准差	0.3957	0.4611	0.1785	0.4809

由表 4.8 我们可以明显看出,在跳跃频率不同的情况下,Delta 复制策略和参数复制策略的复制误差都呈现出比较混乱的统计规律,即使是在其他情况下表现相对稳定的 BSM 模型也不例外;这表明跳跃的引入及其变化对连续扩散过程的近似模型的复制误差是非常重要的,因此,假说 4 的子假说 3 显然是成立的。由于模拟中的近似扩散过程无法捕捉住跳跃因子,这导致复制的结果很不稳定。补偿泊松过程跳跃频率的变化将导致模拟的漂移产生变化,并且将使得出现跳跃的概率加大,造成连续扩散模型的参数复制误差和Delta 复制误差都更加不稳定。

4.4.5 不同模型与复制策略复制误差的路径

前述几个模拟研究,考察的都是期权到期时的复制误差,它直接关系到交易员在期权到期时的损益,所以非常重要。但在现实中,交易员有可能在期权存续期内就将持有的头寸平仓,因此复制误差在存续期内是否稳定也必须作为衡量模型好坏的因素之一。图 4.2 给出了一条模拟路径[①]下,各近似模型的Delta 复制误差和参数复制复制误差在存续期内的变化。

---

① 为清晰明了起见,本书只报告了一条模拟路径的结果,来说明存续期内的复制误差路径特征。其他模拟得到了类似的结论。

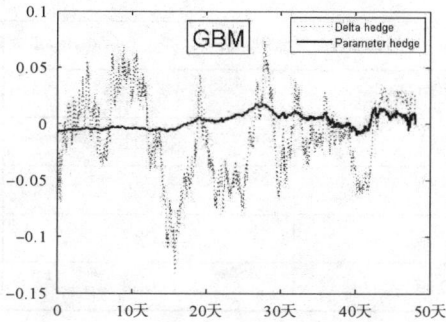

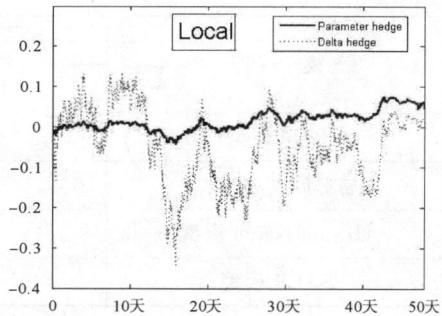

(a)BSM 模型　　　(b)局部波动率模型

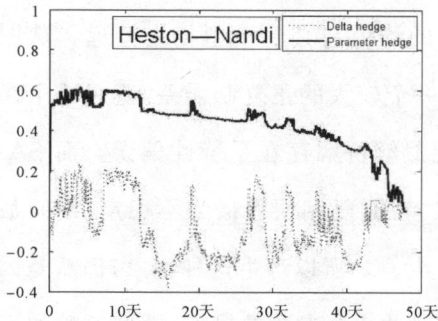

(c)Heston-Nandi 模型　　　(d)SABR 模型

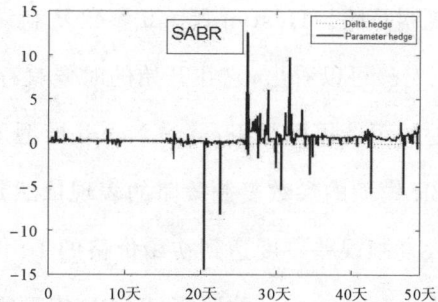

图 4.2　各近似模型复制误差时间路径图

表 4.9 给出了相应的期限内均值和方差。

表 4.9　存续期内不同模型复制误差的均值方差

模　　型	参数复制策略	
	误差均值	误差方差
BSM 模型	0.002	4.49E−05
局部波动率模型	0.016	6.33E−04
Heston-Nandi 模型	0.435	0.017
SABR 模型	0.379	0.954

续表

模　　型	Delta 复制策略	
	误差均值	误差方差
BSM 模型	−0.011	0.001
局部波动率模型	−0.049	0.009
Heston-Nandi 模型	−0.075	0.023
SABR 模型	−0.049	0.009

　　由表 4.8 中的数据，观察图 4.2 和表 4.9 可以看出，BSM 模型的参数复制策略，在存续期内的表现要远远好于其他模型；其次为局部波动率模型的参数复制策略。Heston-Nandi 参数复制误差的均值与其他模型相去甚远。从图 4.2(c)可以看出，它在开始的时候就存在一个较大的正复制误差，造成这个误差的可能原因是 Heston-Nandi 模型下近似解析解存在系统性偏误。而 SABR 模型的参数复制策略的表现依然是最差的，复制误差极为不稳定，期间最大复制误差一度达到初始价格的 10 倍以上。之所以产生这种现象，仍然是因为之前所描述过的原因：SABR 模型需要对冲 4 个参数的风险，模型参数的真实过程难以判断，并且复杂模型的校准容易造成参数的跳动，在这样情形下的参数复制策略将极不稳定。Delta 复制策略效果虽然不及 BSM 模型和局部波动率的参数复制策略，但由图 4.2 可以发现，它在不同模型下的表现比参数复制策略要稳健一些，这也说明了简单的复制策略在模型不同时更具有稳健性。

　　需要说明的是，此处的结论也仅针对普通期权成立。由于普通的欧式看涨期权的回报函数中不包含其他状态变量，因此 BSM 模型的简洁导致复制误差的稳定性。但对于一个回报函数中含有其他状态变量的衍生品，该结论就未必成立，如高阶矩衍生品等。在遇到此类复杂衍生品时，交易员可以用本章的方法对特定的衍生品检验模型风险以及复制误差的特征。

4.5　模拟结果的总结

由 4.4 节模拟的结果来看,我们可以总结出一些规律:

首先,简单的模型和简单的复制策略有其一定的优势。简单的模型在复制策略较为复杂的时候表现得更加稳健,而简单的复制策略在模型较为复杂的时候表现得较为稳健。这实际上暗示着过度参数化和过度追求精细复制在模型出错时将给交易员带来极大的麻烦。

其次,在经济环境有剧烈变化时,简单的模型和简单的复制策略也表现出其自身的优势。这也是在市场上,许多交易员在模型层出不穷的现在仍然使用最简单的 BSM 模型和 Delta 复制策略的重要原因。

最后,本章的真实模型和近似模型之间的差距表明了,跳跃风险在期权定价中是一个非常重要的风险源,如果遗漏了跳跃风险,越复杂的连续扩散模型可能反而会成为风险越大的模型。而且,在跳跃发生的时候,错误而又复杂的模型得出的对冲头寸会使得复制误差本身急剧失真,给期权对冲交易者带来灾难性的风险。这也是在下一章,本文要在真实期权市场上考虑跳跃风险的重要动机之一。

5

跳跃风险与跳跃风险溢酬：基于美国股指期权市场的研究

在第 3 章的理论推导中，我们已经证明跳跃风险可能是影响模型风险的最重要因素，对复制误差具有很大的影响。如果标的资产价格的确存在跳跃但却在建模时被忽略，跳跃风险及跳跃风险溢酬将是 Delta 对冲组合收益率的重要组成部分。本章的主要工作，就是以此为理论基础，在美国股指期权市场上实证检验 Delta 对冲组合收益率中是否包含跳跃风险和跳跃风险溢酬，以考察在美国市场上那些不包含跳跃的模型是否存在跳跃风险被遗漏的模型风险问题。

更具体地说，本章实证的理论基础是第 3.4 节推导出的式(3.25)。该方程表明，在一个多随机状态变量的世界中，Delta 对冲组合的期望值受到四个因素的影响：第一，标的资产之外的其他状态变量扩散部分的风险溢酬期望值的总和；第二，除了标的资产以外，其他状态变量短时间内跳跃幅度期望值的总和；第三，标的资产跳跃幅度的期望值；第四，所有状态变量的跳跃风险溢酬。也就是说，如果真实模型包含跳跃，不考虑跳跃问题的 Delta 复制策略是无法对冲掉上述四个因素的影响的，从而上述四个部分会遗留在 Delta 对冲后的头寸价值中，并进而对交易员对冲账户的盈亏（也就是复制误差）产生影响。因此，我们可以通过考察 Delta 对冲组合收益率是否包含上述因素，来考察跳跃风险是不是一个可以忽略的问题。此外，上述因素对 Delta 对冲组合的相对重要程度如何？为了保证复制的稳定性，交易员应该更关注哪些因素？这些问题都不是理论推导能够回答的。因此，我们需要用市场数据来进行相应的实证检验，并以此为依据指导交易员的对冲操作。

同时，由于真实市场与模型假设中的完美市场相去甚远，我们不得不加入一些控制变量，来控制模型(3.25)未能够刻画的因素的影响，从而基于式(3.25)形成具有可操作性的实证方程。具体的实证技术将在 5.1 节中详细介绍，5.2 节则报告了美国股指期权市场的实证结果、经济含义和对实务操作的意义。

本章工作对现有研究的贡献之处在于：第一，在第 3 章的理论分析和第 4 章的数值模拟之后，本章基于真实市场进行了实证研究，考察了跳跃对 Delta 对冲策略的影响，验证了第 3 章中的部分理论突破，也为交易员的对冲操作提供了重要的信息；第二，基于已有的研究，本章首次提出，在研究跳跃风险时，需要控制模型设定偏误的影响，实证结果显示，这个控制因子的选择是有意义的；第三，本章首次提出了在研究模型风险时，需要控制信息传递效率因子的影响，并得到了实证结果的支持，这一点也是以往学者在进行同类研究时忽略的一个问题。

5.1 实证设计

接下来，我们将基于第 3 章得到的理论结果进行相应的实证研究。在实证中，为保证实证的可操作性和实证结论的稳健性，需要引入与理论模型相对应的代理变量，并根据市场的实际情况考虑更多的控制变量和技术细节。本节将对实证的具体技术细节进行介绍,包括数据的选取、实证模型设计、因变量、自变量和控制变量的设定和构造方法等等。

5.1.1 实证数据与样本筛选

本章实证研究的样本是 2001 年 1 月 3 日至 2011 年 4 月 28 日的美国 SPX 指数看涨期权、看跌期权及其标的资产(美国 S&P500 指数)的日数据[①]。数据来自 www.ivolatility.com。选择这个样本期的原因在于,该期间包含了互联网泡沫崩溃期和次贷危机,对跳跃风险的分析具有较大的意义。

借鉴 Jackwerth and Rubinstein(1996)[63]、Buraschi and Jackwerth(2001)[64] 以及 Bakshi and Kapadia (2003)[59] 的方法,我们对样本数据进行了筛选,筛选标准为:(1)看涨期权价格应处于上下限 $[S_t - K, S_t]$ 之间,看跌期权价格应处于 $[K - S_t, K]$ 之间,也就是说,所采用的期权价格应不违背最基本的无套利原则,属于基本合理的价格;(2)由于期限太长和太短的期权交易都很不活跃,因此本章借鉴 Bakshi and Kapadia (2003)[59] 一文剔除剩余期限太长和太短的数据,采用剩余期限在 14 天到 60 天之间的期权数据;(3)深度实值和深度虚值期权的市场流动性也通常不佳,价格中带有大量的市场微观结构噪音,因此本章采用平价附近的期权,具体标准为 $\ln\left(\dfrac{S}{K}\right) \in [0.95 1.05]$;(4)同样出于流动性的考虑,本章还剔除了日交易量小于 500 手的期权,以保证期权价格的合理性。

经过筛选之后,本章所使用的期权样本数据是一个面板数据,共包括 2 482天,每天平均有 8.29 个期权的数据,最多一天有 57 个期权数据,最少一天有 0 个期权数据[②],所有期权的平均剩余期限为 0.091 年(一个月左右),期

---

① 因此,本章中的衍生品即为股指期权,标的资产则为股票(指数),Delta 对冲组合由股指期权和股票组成。

② 由于 Delta 对冲组合的计算需要有同一个期权前后两天期权交易数据,因此部分天数没有 Delta 对冲组合的收益。

权每天的平均交易量为 4629 手,平均的隐含波动率为 18.73%。SPX 期权的标的资产——S&P500 指数则是一个 2482 天的时间序列数据。图 5.1 给出了样本期内 S&P500 指数的走势。

从图 5.1 中可以看出,样本期内的 S&P500 指数经历了暴涨暴跌。一般认为,2008 年 3 月的贝尔斯登事件是次贷危机爆发的标志性事件。为了控制次贷危机的影响,更全面地考察跳跃风险和跳跃风险溢酬问题,本章除了进行全样本分析外,还进一步将样本分为子样本 1(2008 年 3 月以前)与子样本 2 (2008 年 3 月之后)进行分析,以得到更为详细和全面的结论。

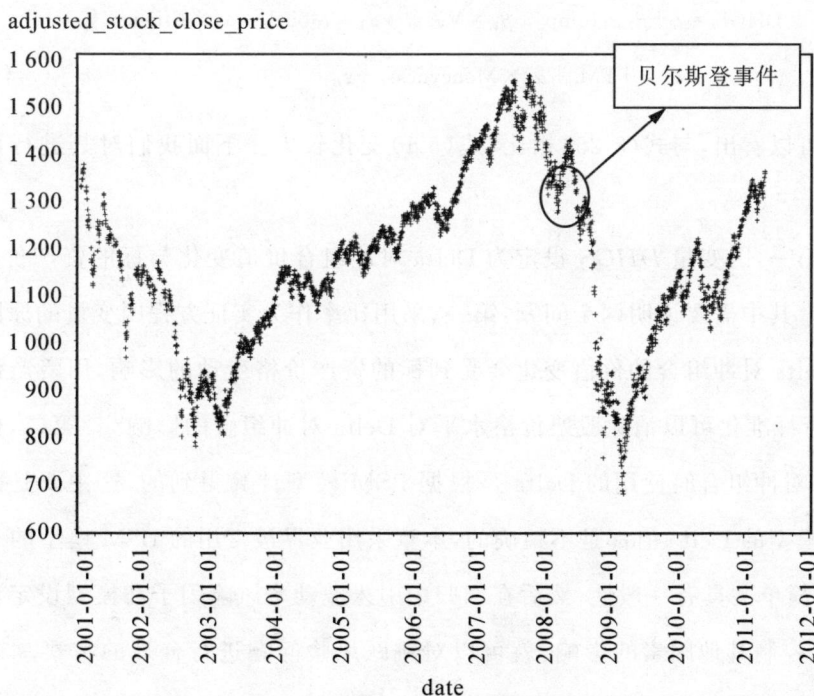

图 5.1　样本期内 S&P500 的走势

最后,本章中所用的无风险利率采用欧洲美元的隔夜拆借利率[①],数据来自 Bloomberg。

需要说明的是,本节介绍的是本章所采用的主体数据样本。在后续的变量设定中,有时还需要一些其他的数据作为补充,将在下文介绍变量设定时具体解释。

5.1.2 实证模型设定

与理论模型(3.25)对应,本章设定的实证模型如下:

$$\text{DHGS}_t = c + \beta_1 \times \text{Jump}_t + \beta_2 \times \text{Vega}_t + \alpha_1 \times \text{Model}_t + \alpha_2 \times \text{Efficiency}_t +$$

$$\alpha_3 \times \text{TTM}_t + \alpha_4 \times \text{Moneyness}_t + \varepsilon_t \tag{5.1}$$

可以看出,与式(3.25)相比,式(5.1)变化较大。下面我们对其进行详细解释。

第一,因变量 $DHGS$ 设定为 Delta 对冲组合价值变化与标的资产价格 S 之比。其中需要说明两个问题:第一,采用比率作为实证方程因变量的原因在于:Delta 对冲组合的价值变化会受到标的资产价格变动的影响,用资产价格 S 进行标准化可以消除股票价格水平对 Delta 对冲组合的影响[②]。第二,构造 Delta 对冲组合时使用的 Delta 是根据 BSM 模型计算得到的,这主要是因为近似模型的 Delta 值都是不精确的,本章采用业界最常用的 BSM 模型的 Delta,既简单又具有一般性,然后在回归中引入波动率风险因子和模型设定偏误因子,控制其他因素的影响,就可以对跳跃风险问题进行合理的考察。5.1.3 小节将对因变量 DHGS 的设定做详细介绍。

[①] 由于我们计算的是 Delta 对冲组合每天的收益率变化,因此选择隔夜拆借利率作为借贷成本较为合适。

[②] Bakshi and Kapadia(2003)在研究波动率风险溢酬时也是选用这个指标作为因变量。

第二,在自变量的选择上,尽管在式(3.22)的右边有 4 项,但仔细推敲可以看出,这 4 项可以归结为两个因素:跳跃风险和其他状态变量连续变动部分的风险溢酬。也就是说,在通过 Delta 复制策略对冲了标的资产的连续风险后,Delta 对冲组合中还可能反映跳跃风险和其他状态变量的连续风险。因此式(5.1)首先引入最重要的自变量 Jump,将其作为跳跃风险的代理变量。Jump 的系数 β_1 是否显著异于零,意味着复制误差和模型风险是否被跳跃风险所影响,说明了在为 SPX 期权定价和复制时,不包含跳跃的模型是否存在跳跃风险被遗漏的模型风险问题。同时,现有研究(Coval and Shumway (2001)[66],Bakshi and Kapadia (2003)[60])表明,除了标的资产之外,可能影响衍生品价格的最重要状态变量就是波动率。因此式(5.1)采用自变量 Vega 作为波动率风险的代理变量。Vega 的系数 β_2 是否显著异于零,可以说明 SPX 期权的模型设定中是否应该包含波动率这一状态变量。Jump 和 Vega 的具体设定,我们将在 5.1.4 和 5.1.5 小节中进一步详细说明。

第三,在控制变量的选择上,式(5.1)引入了 4 个变量:

Model 是模型设定偏误因子。由于在构建 Delta 对冲组合和计算因变量 DHGS 时使用的是最简单的 BSM 模型的 Delta,因此本章所进行的实证研究实际上面临着一个质疑,即 Delta 对冲组合是否是真的完全对冲了全部的 Delta。如果不是,那么这种来自模型设定的误差有可能会导致结论的不稳健。这与 Roll 对 CAPM 的批评是类似的:如果不控制模型设定偏误的因素,我们此处的研究实际上也是一个联合检验。有两个因素可能导致式中自变量 Jump 系数 β_1 的显著:(1)Delta 对冲组合所包含的跳跃风险溢酬不为零,跳跃风险的确是显著的;(2)BSM 模型对应的 Delta 是一个错误的 Delta,对冲后的组合无法完全消除标的资产的风险源。如果不控制模型设定偏误的影响,我们就无法判断 β_1 的显著异于零是由于模型的不精确,还是由于跳跃风险的确为系统性风险所致。因此,为了控制 Delta 复制策略所受到的模型设定偏误的影响,需要加入模型设定偏误因子作为控制变量,Model 具体指标的设定将在 5.1.7 小节中详细介绍。

Efficiency 是信息传递效率因子。在期权隐含风险的现有研究中,大部分学者都没有考虑期权市场的信息传递效率问题。但实际上,由于期权市场的杠杆性质和低交易成本优势,期权价格对新信息的反应往往领先于标的资产价格。在传统的定价模型中是没有考虑信息传递效率问题的,而 Delta 对冲组合是基于同一时刻的期权价格和股票价格构建的。这样,当短期内期权价格领先于股票价格且套利还未发生作用时,对 Delta 对冲组合的收益率进行研究,就很可能会将期权收益领先标的资产收益的部分误认为是风险溢酬。因此,本书认为,在考察跳跃风险问题时,应引入代表信息传递效率的指标作为控制变量,以剔除 Delta 对冲组合收益中由于期权信息吸收效率较高使得期权与标的资产间关系偏离经典定价模型的部分。5.1.6 小节将详细介绍 Efficiency 具体指标的设定。

最后的两个控制变量——TTM 和 Moneyness——则分别代表了期权的剩余期限与在值程度。引入这两个控制变量的原因在于,剩余期限和在值程度都是影响期权价格的因素,而本章回归中采用的大量期权数据在剩余期限和在值程度上都是不同的,必须在控制这两个因素对因变量 DHGS 的影响后才能更好地考察跳跃风险问题。这两个控制变量的具体情形将在 5.1.8 小节中介绍。

5.1.3 因变量的构造与描述统计

具体来看,因变量 DHGS 的计算公式为

$$\text{DHGS}_\tau = \frac{(c_{t+\tau} - c_t) - \Delta_t(S_{t+\tau} - S_t) - r_t(c_t - \Delta_t S_t)\tau}{S_t}$$

可以看出,DHGS 计算公式中的分子就是式(3.19),计算的是 τ 时间段内

Delta 对冲组合的价值变化，然后再用资产价格 S_t 进行了标准化，消除股票价格水平对 Delta 对冲组合的影响。由于采用的是基于 BSM 模型的 Delta 值，因此

$$\Delta_t = \frac{\partial c_t}{\partial S_t} = N(d_1)$$

$$d_1 = \frac{\ln(S_t/K) + (r_t + \sigma_t^2/2)(T-t)}{\sigma_t\sqrt{T-t}}$$

其中，$T-t$ 是期权剩余期限，τ 是两个交易日间的时间长度（以年为单位）[①]。表 5.1 报告了分别针对整个样本和子样本计算得到的因变量 DHGS 的基本信息。

从表 5.1 中，我们可以看出，首先，Delta 对冲组合收益率的标准差比危机前要高，这显然是符合直觉的：在次贷危机爆发后，市场的大幅波动必然导致 Delta 对冲组合收益的不稳定性；其次，Delta 对冲组合的收益率也较大，这可能是在危机发生后，Delta 对冲组合赚取的 Gamma 收益和跳跃风险溢酬较高（因为市场波动率上升）的缘故。图 5.2 给出了 DHGS 在样本期内的历史走势。

表 5.1　因变量 DHGS 的描述统计

	全样本 2001.1.3-2011.4.28	子样本 1 2001.1.3-2008.3.30	子样本 2 2008.4.1-2011.4.28
均　值	0.00048	0.00038	0.00065
标准差	0.00884	0.00738	0.01075
中位数	−0.00023	−0.00018	−0.00038

① 我们针对样本内的每个期权，在每两个交易日之间，计算相应的 DHGS 值，将其作为一个观测值，在计量上属于 pooled data。

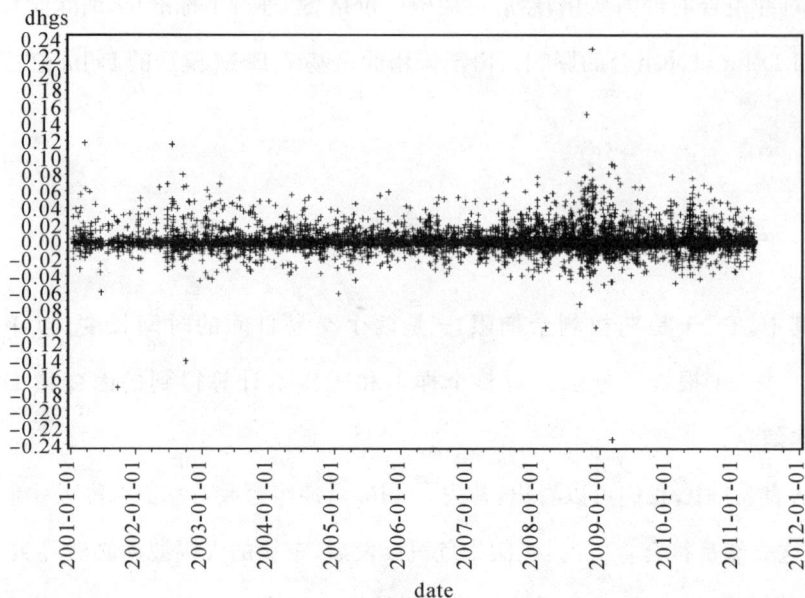

图 5.2   因变量 DHGS 在样本期内的历史走势

5.1.4 跳跃风险因子的构造与描述统计

由于本章研究的重点是 SPX 期权中所隐含的跳跃风险、跳跃风险溢酬以及它们对复制误差的影响，因此在实证方程（5.1）的右边，我们最关注的就是跳跃风险因子的代理变量 Jump 应如何选取。在以往的研究中，学者们尝试过的跳跃风险代理变量包括：期权中隐含的标的资产收益率的偏度、峰度 Bakshi and Kapadia（2003）[59]、短期期权的隐含波动率曲线在平价附近的斜率（Yan（2011）[50]）等。Bakshi and Kapadia（2003）[59] 发现在模型中加入跳跃风险，会使得期权的隐含偏度和隐含峰度发生变化。但期权的隐含偏度、隐含峰度与隐含波动率仍然有着密不可分的联系。原因是，偏度和方差的协方差 Cov（skewness，variance）实际上是五阶矩，而偏度和方差的协方差 Cov（kurtosis，variance）则是六阶矩。因此，当更高阶矩，比如五阶矩和六阶矩不为零时,期权的隐含偏度和峰度信息中很可能包含大量的二阶矩信息,不一定完全代表跳跃的信息,将其作为代理变量并不十分完美。而 Yan (2011)[50] 则证明了在短期内,期权的隐含波动率曲线在平价附近的斜率满足以下表达式

$$\frac{\partial(\text{IV})}{\partial(\text{Moneyness})} \mid_{\text{Moneyness}=0} = \frac{\Lambda \cdot J}{\sigma} + O(\text{TTM})$$

其中,IV 为期权隐含波动率(implied volatility),Moneyness 的计算公式为 $\ln\left(\frac{S}{K}\right)$,$\Lambda$ 是跳跃的密度,而 J 是跳跃的幅度,σ 为瞬时波动率,$O(\text{TTM})$ 代表与剩余期限同阶的数值。

式(5.1)表明,只要选择剩余期限较短[①]、接近平价的期权,$O(\text{TTM})$ 就是一个较小的数,而期权隐含波动率和资产价格的跳跃之间就存在非常密切的关系。在式(5.1)的基础上,Yan (2011)[50] 进一步得到了一个更加易得的跳跃风险代理变量

$$\text{Jump}_t = \text{IV}_t^{\text{put}}(-0.5) - \text{IV}_t^{\text{call}}(0.5) \approx a\Lambda J \tag{5.2}$$

其中,$\text{IV}_t^{\text{put}}(-0.5)$ 和 $\text{IV}_t^{\text{call}}(0.5)$ 分别表示剩余期限相同,Delta$=-0.5$ 的看跌期权与 Delta$=0.5$ 的看涨期权的隐含波动率,a 是一个大于零的常数。

式(5.2)意味着,$\text{IV}_t^{\text{put}}(-0.5)$ 和 $\text{IV}_t^{\text{call}}(0.5)$ 之差约等于跳跃概率与跳跃幅度的乘积再乘以一个常数。可以看到,和之前的偏度等指标相比,式(5.2)的指标更加干净,它基本上只包含了跳跃的相关信息。基于此,本章最终选定采用 Yan (2011)[50] 的方法,即式(5.2)来构造跳跃风险因子的代理变量 Jump。图 5.3 给出了跳跃风险因子在样本内的表现。

---

① 在本章的实证研究中,我们在期限选择上进行两个处理:第一,在满足 5.1.1 小节的样本筛选标准的前提下,依据 Yan(2011)[51] 的结论,本书在筛选后的样本中选择期限最短的期权来构造代理变量;第二,在回归时加入剩余期限因子 TTM 来控制误差。

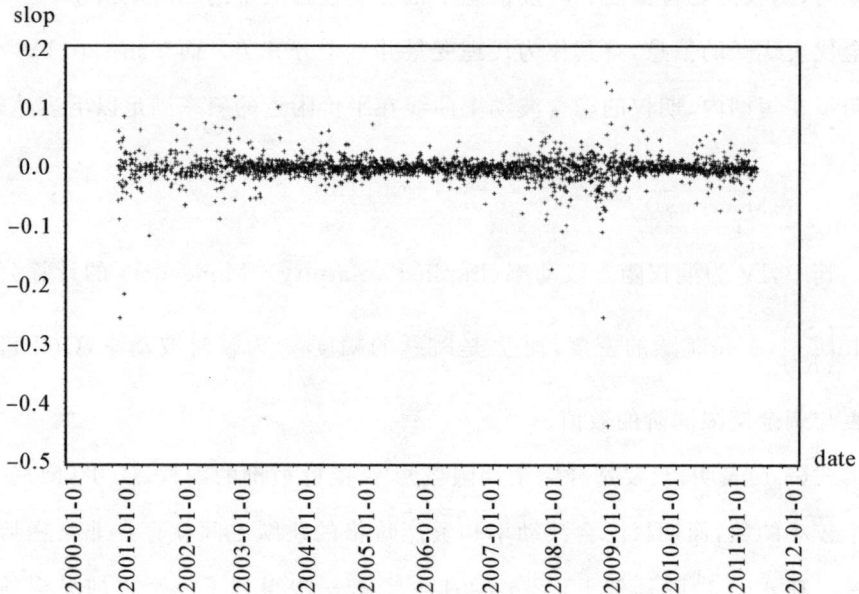

图 5.3 跳跃风险因子在样本期内的历史走势

从图 5.3 可以看出,无论是在 2001 年的互联网泡沫崩溃期间,还是在 2008—2009 年的次贷危机期间,我们构造的跳跃风险因子都曾出现极端的 "黑天鹅"事件——巨幅的向下跳跃,次贷危机下的极端情形显然更为严重。这初步验证了我们所构造的跳跃风险因子的合理性。表 5.2 进一步报告了跳跃风险因子在全样本和两个子样本期间的描述统计。

表 5.2 跳跃风险因子的描述统计

	全样本 1 2001.1.3-2011.4.28	子样本 1 2001.1.3-2008.3.30	子样本 2 2008.4.1-2011.4.28
均　值	−0.0005	0.0004	−0.0016
标准差	0.0220	0.0157	0.0286
中位数	0.0007	0.0008	0.0007

从表 5.2 可以看出,在不同样本期中,跳跃风险因子的统计特征有所差异。在子样本 1 中,跳跃风险因子的均值与中位数均为正,这显然是因为互联

网泡沫崩溃期较短，2008 年 3 月之前，整体而言跳跃为正；到了子样本 2 中，次贷危机和欧债危机接踵而至，大幅下跳频发，导致跳跃均值为负，这反映了危机期间期权市场隐含着对未来资产价格走势的极端负面预期；在全样本中，受子样本 2 中的大幅下跳影响，跳跃的平均方向是向下的。

　　由于跳跃风险是本章关注的焦点，在进行实证研究之前，我们希望对跳跃风险的这一代理变量进行更为深入的考察，希望了解跳跃风险因子后面的影响因素。从经济理论上看，信息冲击和流动性冲击等等最有可能是跳跃产生的原因，一般认为，平均交易量和买卖价差可以视作上述两个因素的代理变量。因此，我们的基本想法是将跳跃风险因子 Jump 对计算 Delta＝－0.5 的看跌期权与 Delta＝0.5 的看涨期权的平均交易量 Vm 和买卖价差 Spd 进行回归，考察它们之间的关系。同时，由于在 Yan(2011)[51] 的方法下，跳跃风险因子是一个近似的代理变量，而且该因子只有用短期期权进行构造才较为准确，为了避免跳跃因子构建误差的影响，我们在回归中加入 Delta＝－0.5 的看跌期权与 Delta＝0.5 的看涨期权的平均隐含波动率 AIV、平均隐含波动率的倒数（控制非线性）及其剩余期限 TM[①] 作为控制变量[②]，从而设定回归方程为

$$\text{Jump}_t = \gamma + b_1 \times \text{Vm}_t + b_2 \times \text{Spd}_t + a_1 \times \text{A IV}_t + a_2 \times \frac{1}{\text{AIV}_t} + a_3 \times \text{TM}_t + \zeta_t$$

$$(5.3)$$

　　表 5.3 报告了回归的结果。

---

① 注意前文提到过，这两个期权的剩余期限是相等的。

② 根据式(5.1)Yan(2011)[51] 验证了剩余的项与期限是同阶，为了验证我们构造的代理变量的合理性，我们加入剩余期限作为控制变量。

表 5.3　跳跃风险因子的影响因素

	全样本 1 2001.1.3-2011.4.28	子样本 1 2001.1.3-2008.3.30	子样本 2 2008.4.1-2011.4.28
截距项	0.0187 *** (5.45)	−0.0175 *** (−2.58)	0.0462 *** (5.32)
平均交易量 （Vm）	2.8702E−8 (0.56)	6.4884E−8 (0.65)	3.4612E−8 (0.39)
平均买卖价差 （Spd）	−0.0011 *** (−2.93)	−0.0012 ** (−2.38)	−0.0002 (−0.27)
剩余期限 （TM）	0.0026 (0.98)	0.0052 ** (2.10)	−0.0421 (−1.45)
平均隐含波动率 （AIV）	−0.0308 *** (−3.73)	0.07028 *** (3.85)	−0.0812 *** (−5.23)
隐含波动率倒数	−0.0018 *** (−5.38)	0.0010 * (1.88)	−0.0051 *** (−4.51)

注:括号中为 t 值, * 、** 和 *** 分别表示 10%、5% 和 1% 的显著性水平。

从表 5.3 报告的结果中,我们发现一个非常有趣的现象:不同子样本的估计结果差异巨大。例如,截距项和三个控制变量的系数符号都是相反的,且大部分是显著的。这与跳跃方向密切相关。正如表 5.2 所示,在子样本 1 中,跳跃风险因子的均值是正的,而在子样本 2 中,跳跃风险因子的均值却是负的。因此,可以认为,三个控制变量对跳跃风险因子绝对值的影响都是同向的。另外,期权剩余期限在子样本 1 中对跳跃风险因子有影响而在子样本 2 中没有影响,这表明 Yan (2011)[50] 所建议的代理变量更适于危机期间。

在控制了上述控制变量的影响之后,我们最为关心的是期权交易量和买卖价差的显著性与经济解释。表 5.3 的结果表明,期权交易量无法解释跳跃风险因子,但在子样本 1 内,期权的平均买卖价差的系数是显著为负的,这说明在非危机期,较大的平均买卖价差是与向下跳跃联系在一起的。这是符合经济原理的:较大的买卖价差往往是市场的流动性缺失、异质信念或者投资者对未来看法的不确定性等因素导致的,这时市场往往容易出现向下跳跃。但在子样本 2 内，期权的平均买卖价差的系数是不显著的，这表明危机期间，期权价格隐含的跳跃风险的形成机制较为复杂。

5.1.5 波动率风险因子的构造与描述统计

由于 Bakshi and Kapadia（2003）[59] 已经发现，基于 BSM 模型构造的 Delta 对冲组合收益中含有非常显著的波动率风险溢酬，因此要利用 Delta 对冲组合收益率的信息对跳跃风险进行实证研究，就必须先控制 Delta 对冲组合中波动率风险因子的影响。由于标的资产价格中不含有波动率风险，因此 Delta 对冲组合对波动率的风险暴露就是期权对波动率的风险暴露。而对于期权来说，衡量其波动率风险暴露的最好指标就是 Vega，即期权价格对波动率的一阶偏导。因此我们采用 BSM 模型计算出的 Vega 作为实证方程中波动率风险因子的代理变量。Vega 的描述统计见表 5.4。

表 5.4　波动率风险因子的描述统计

	全样本 1 2001.1.3-2011.4.28	子样本 1 2001.1.3-2008.3.30	子样本 2 2008.4.1-2011.4.28
均　值	1.2244	1.2295	1.1923
标准差	0.4182	0.4477	0.3612
中位数	1.2167	1.2261	1.1807

5.1.6 模型设定偏误因子的构造与描述统计

如前文所述，如果不控制模型设定偏误的影响，我们就会面临一个联合检验的困境：我们无法判断 β_1 的显著异于零是由于模型的不精确，还是由于跳跃风险的确为系统性风险所致。为控制模型设定偏误的影响，我们通过一个简单而又有效的方法来打破联合检验的困境。

在第 3.2 节中，我们已经指出，在 Delta 复制策略中，当对冲所选用的头寸由于模型设定有误而发生误差时,Delta 对冲组合的收益率仍将受到标的资产价格在现实世界中漂移率的影响。因此在实证中,我们引入与计算 DHGS 时的 τ 期间对应的标的资产收益率作为控制模型设定偏误的变量。如果 Delta 对冲所采用的 BSM 模型存在较为严重的模型设定误差,则 Delta 对冲组合的收益率一定会受到标的资产收益率的影响,回归中标的资产收益率的系数就会是显著的,从而可以剔除模型设定风险的影响;反之则说明 BSM 模型估计出的 Delta 较为合理,我们的研究将不受到模型设定偏误的影响。表 5.5 报告了模型设定偏误因子的描述统计。

表 5.5 模型设定偏误因子的描述统计

	全样本 2001.1.3-2011.4.28	子样本 1 2001.1.3-2008.3.30	子样本 2 2008.4.1-2011.4.28
均　值	−0.00008	0.00012	−0.00022
标准差	0.0143	0.0191	0.0102
中位数	0.0007	0.0011	0.0007

5.1.7 信息传递效率因子的构造与描述统计

如前所述,在回归中,本书需引入代表信息传递效率的指标作为控制变量,以剔除 Delta 对冲组合收益中由于期权信息吸收效率较高使得期权与标的资产间关系偏离经典定价模型的部分。

Garleanu,Pedersen and Poteshman(2009)[66] 和 Cremers and Weinbaum (2010)[67] 用相同在值程度的看涨看跌期权的隐含波动率之差作为信息传递效率的代理变量。其道理很简单,如果期权市场满足无套利的看涨看跌平价 (put-call parity,PCP)公式,相同在值程度的看涨看跌期权的隐含波动率之差应该为 0;而当信息到来时,期权价格有可能因为短期内套利无法实现而偏离 PCP 公式。比如,一个好信息到来,那么看涨期权隐含波动率上涨而看跌期权的隐含波动率下跌，但标的资产还没来得及反映这个信息，则此时相同在值程度的看涨看跌期权的隐含波动率之差就暂时不再为零，因此偏离的幅度可以视为信息传递领先滞后程度的衡量指标。

借鉴这一思路，本书用每个交易日不同到期日、不同行权价、相同在值程度的看涨看跌期权的隐含波动率之差的加权和来构造当天的信息传递效率因子

$$\text{Efficiency}_t = \sum_{T,K} w_t^{T,K} (\text{IV}_t^{T,K,call} - \text{IV}_t^{T,K,put}) \tag{5.4}$$

其中，$\text{IV}_t^{T,K,call}$ 和 $\text{IV}_t^{T,K,put}$ 分别表示 t 时刻到期时刻为 T、行权价为 K 的看涨期权和看跌期权的隐含波动率，权重 $w_t^{T,K}$ 的计算公式为

$$w_t^{T,K} = \frac{\text{Vm}_t^{T,K}}{\sum_{T,K} \text{Vm}_t^{T,K}}$$

即用每个期权的交易量占当日样本内期权交易量的比重进行加权，这样算出的信息传递效率因子 Efficiency 实际上可以看成整个波动率曲面上所有期权偏离 PCP 平价的加总。表 5.6 报告了信息传递效率因子的描述统计。

表 5.6　信息传递效率因子的描述统计

	全样本 2001.1.3-2011.4.28	子样本 1 2001.1.3-2008.3.30	子样本 2 2008.4.1-2011.4.28
均　值	−0.00044	−0.00050	−0.00041
标准差	0.03441	0.03917	0.03116
中位数	0.00038	0.00045	0.00035

5.1.8 期权剩余期限和在值程度

如前所述，本章回归的控制变量中使用了期权的剩余期限 TTM 和在值程度 Moneyness，其中 Moneyness 的计算公式为 $\ln\left(\dfrac{S}{K}\right)$。下面也简要报告这

两个变量的描述统计,见表 5.7。

表 5.7 剩余期限和在值程度的描述统计

剩余期限	全样本 2001.1.3-2011.4.28	子样本 1 2001.1.3-2008.3.30	子样本 2 2008.4.1-2011.4.28
均　值	0.0910	0.0926	0.0900
标准差	0.0926	0.0349	0.0341
中位数	0.0349	0.0877	0.0849
在值程度			
均　值	0.9908	0.9921	0.9899
标准差	0.0200	0.0214	0.0190
中位数	0.9927	0.9940	0.9921

5.2　实证结果

我们对全样本和两个子样本分别进行了式(5.1)的回归,结果集中报告在表 5.8 中。

表 5.8　全样本和两个子样本的回归结果

	全样本 2001.1.3-2011.4.28	子样本 1 2001.1.3-2008.3.30	子样本 2 2008.4.1-2011.4.28
截距项	-0.0612*** (-16.13)	-0.0477*** (-6.94)	-0.0696 (-15.43)
跳跃风险因子	-0.0090*** (-2.87)	-0.0240*** (-4.58)	0.0098** (2.41)
波动率风险因子	-0.0020*** (-8.73)	-0.0023*** (-3.95)	-0.0020*** (-7.91)
模型设定偏误 因子	-0.0922*** (-15.94)	-0.0919*** (-9.69)	-0.0824*** (-10.66)
信息传递效率 因子	-0.0021 (-1.17)	-0.0072** (-2.28)	0.0015 (0.69)

续表

	全样本 2001.1.3-2011.4.28	子样本 1 2001.1.3-2008.3.30	子样本 2 2008.4.1-2011.4.28
剩余期限	0.0534 *** (19.30)	0.0668 *** (11.17)	0.0443 *** (14.68)
在值程度	0.0601 *** (15.45)	0.0456 *** (6.47)	0.0693 *** (15.01)
调整 R^2	3.95%	4.59%	3.62%

注:括号中为 t 值,*、** 和 *** 分别表示 10%、5% 和 1% 的显著性水平。

　　表 5.8 的结果富有经济意义。在子样本 1 中,所有自变量和控制变量的系数都是显著的;在全样本和子样本 2 中,除信息传递效率因子之外,所有自变量和控制变量的系数都是显著异于零的。而且这些系数的显著水平大部分都在 1%,甚至万分之一以上。这表明我们之前的考虑是有道理的,Delta 对冲组合的收益率会受到波动率风险、模型设定偏误、信息传递效率、期权的到期时间和在值程度的影响。但即使在控制了这些因素之后,跳跃风险因子的系数仍然是显著的。这充分说明,跳跃风险对 Delta 复制策略存在显著影响,在为 SPX 期权定价和进行复制时,如果不考虑跳跃风险,将会导致显著的模型风险和复制误差。

　　但有意思的是,全样本和子样本 1 中,跳跃风险因子的系数均显著为负,而子样本 2 中的跳跃风险因子系数 β_1 却显著为正。在以往的研究中,学者们经常发现跳跃风险随着样本期的不同会发生变化,表 5.8 的结果再一次证实了这一点。而且如果综合表 5.8 和表 5.2 的结果,可以看出不同样本期内 β_1 值的不同符号是符合经济原理的:

　　在子样本 1 中,跳跃风险因子均值为正,而其系数则显著为负。这是和子样本 1 期间的市场特征一致的:尽管涵盖了互联网泡沫崩溃的一定期间,但子样本 1 总体而言属于市场平稳和上升期。在这样的市场中,市场巨幅下跳的可能性很小,投资者反而可能有上跳的预期。因此,市场上投资者往往更偏好幅度为正的跳跃(这与投资者喜欢正偏的资产是同一个道理,具体可见 Bak-shi and Kapadia (2003)[59])。预期向上跳跃的幅度越大,投资者就越愿意付出额外的收益来获得正跳跃所带来的收益。所以,此时跳跃的风险溢酬为负。而在子样本 2 中,跳跃的幅度是负的,而回归系数是正的。这意味着,在次贷危机发生后,向下跳跃更容易发生,投资者主要持有股市下跳的预期。由于担心向下跳跃,预期向下跳跃的幅度越大,投资者要求的风险补偿就越高。所以这个样本期的跳跃风险溢酬就是正的。总之,在市场上升期,上跳预期为主,跳跃风险溢酬为负;而在市场危机期,下跳预期为主,跳跃风险溢酬为正。因此尽管不同样本期内的跳跃风险因子系数符号不同,结合具体的市场背景,其内在的经济含义却是一致的,符合投资者风险厌恶的基本原理。

实际上,如果仅从期权的非线性特征考虑,标的资产价格的跳跃会导致线性的 Delta 对冲组合赚到更高的 Gamma,跳跃风险本身会给 Delta 对冲组合带来正的收益。但我们看到,无论在子样本 1 还是子样本 2 中,跳跃风险因子给 Delta 对冲组合带来的影响都是反向的。也就是说,风险厌恶和跳跃风险溢酬的影响,超过了 Gamma 的影响。在美国股票市场上,跳跃风险的确是不可忽视的一个重要风险源。

此外,值得一提的是,无论在全样本还是两个子样本的回归中,波动率风险因子的系数均显著为负,这与以往其他学者的研究结果是一致的(如 Bak-shi and Kapadia (2003)[59])。这表明,从美国市场上的数据来看,波动率风险溢酬和跳跃风险溢酬都会给交易员对冲账户带来反向的影响,是交易员们必须重点的关注的风险溢酬。

5.3　本章结论

立足于第 3 章的理论推导,本章运用 Delta 复制策略的方法对美国股指期权所隐含的跳跃风险和跳跃风险溢酬进行了深入的实证分析,结果发现：

第一,在进行跳跃风险和跳跃风险溢酬研究时,本文提出的模型设定偏误、信息传递效率、期权剩余期限和在值程度等都是合理的控制变量,在剔除了这些因素的影响之后,才能更纯粹地进行跳跃风险及其风险溢酬的研究。

第二,波动率风险是影响美国股票市场的重要风险,且波动率风险溢酬持续显著为负,这再一次支持了已有的相关研究结论。

第三,在美国股票市场上,即使在控制上述因素之后,跳跃风险和跳跃风险溢酬的影响仍然是显著的。这充分说明,跳跃风险对 Delta 复制策略存在显著影响,在为 SPX 期权定价和进行复制时,如果不考虑跳跃风险,将会导致显著的模型风险和复制误差。

第四,美国股票市场上的跳跃风险和跳跃风险溢酬具有时变性,但却具有内在一致性,符合投资者的风险厌恶特征：在市场平稳和上升期,股票出现上跳较多,此时跳跃风险溢酬为负,表明投资者愿意付出额外的收益来获得正跳跃所带来的收益；在市场危机期,股票以下跳为主,此时跳跃风险溢酬为正,表明投资者对向下的不利变化要求风险补偿。

总之,在美国股票市场上,波动率风险和标的资产价格的跳跃均为重要的风险源。在为衍生品建模时,必须充分考虑波动率风险的存在,考虑跳跃风险及其风险溢酬的存在性和时变性,否则就会导致严重的模型风险。很自然的,大家就会疑惑：中国市场上是否会存在类似情况？在下一章,我们将对中国市场上的跳跃风险和跳跃风险溢酬进行研究。

6

跳跃风险与跳跃风险溢酬：
基于中国 A 股市场

在第 5 章中，我们发现在美国市场上，Delta 对冲无法完全对冲掉跳跃风险，Delta 对冲组合中仍然包含了跳跃风险溢酬。资产价格的跳跃是重要的模型风险来源之一，在危机期间这一现象更为突出。那么，在中国市场上，是否存在同样的现象呢？本书最后对中国市场上可能的模型风险加以考察，对中国期权市场的发展将起到一个未雨绸缪的作用。

问题是：在目前期权市场品种较少的情况下，我们有没有可能考察衍生产品的模型风险呢？答案在一定程度上是肯定的。在本章的 6.1 节中，我们首先借助随机贴现因子的分析框架证明了：从衍生品市场上估计得到的跳跃风险溢酬和用 Fama-MacBeth 两步法[①]从标的资产市场上（本章主要以股票作为代表）估计得到的跳跃风险溢酬在理论上是等价的；也就是说，利用股票市

[①] 以下简称"FM 方法"，下文中我们将详细介绍 FM 方法。

场的价格信息,我们同样可以考察模型风险的重要来源——跳跃风险。这就是本章所做的研究工作:从中国 A 股价格数据中提炼跳跃风险和跳跃风险溢酬的信息,从另一个视角考察模型风险问题,具体的研究工作包括以下几个步骤:

第一,侦测股票市场上存在的跳跃现象。因此 6.2 节首先从跳跃幅度均值、跳跃幅度波动率和跳跃频率三个维度对中国 A 股市场上的个股跳跃风险进行了侦测,并初步考察了其对样本个股收益率的解释程度,令我们对中国 A 股市场上的跳跃风险有粗略的认识。

第二,考察股票收益率中所蕴含的跳跃风险溢酬。跳跃风险溢酬是否显著异于零,具有非常重要的意义。若跳跃风险溢酬显著,则跳跃风险是一种系统性风险,如果忽略跳跃风险而构造简单的期权对冲策略,容易引发巨大的模型风险,给复制误差带来极大的不确定性;反之则跳跃风险非系统性风险,在进行期权对冲时,就不用考虑跳跃给复制误差带来的影响。因此,6.3 节运用经典的 Fama-French 方法从 A 股个股收益率中提炼出与前述三个维度对应的三个跳跃风险因子,然后运用 FM 两步法对中国 A 股市场上的跳跃风险溢酬进行了研究,考察跳跃风险究竟是不是中国 A 股市场上的系统性风险。

第三,由于跳跃风险溢酬的时变性也会导致复制误差的时变性,这对交易员对冲策略在极端情况下的稳健性有着重要意义。由于 6.3 节发现中国市场上的跳跃风险溢酬在长期来看不显著,但在短期却常常显著异于零,且时正时负,因此 6.4 节特别考察了跳跃风险溢酬的时变性及其如何受到其他风险因子的影响。

最后,在 6.5 节中,我们从模型风险的角度对本章的实证结论进行了解读,对中国市场上的模型风险之一——跳跃风险问题进行了总结。

与现有的国内外相关文献相比,本章在不少方面所做的工作均属首次,主要体现在:第一,本章第一次借助随机贴现因子的一般框架清晰证明了从衍生产品价格中提取得到的风险溢酬(用测度转换的方法)和从标的资产价格中估计得到的风险溢酬(用 FM 两步法)之间的理论关系,提出在缺乏衍生品市场的情况下,研究者也可以运用标的资产市场信息对跳跃风险溢酬问题进行研究,考察相应的模型风险;第二,本章第一次运用 Fama-French 的方法构建出三个维度的跳跃风险因子,拓宽了国内外学者研究跳跃风险溢酬的方法,提出可以仅利用个股数据对跳跃幅度均值、跳跃幅度波动率以及跳跃频率的风险溢酬进行研究;第三,本章首次对中国 A 股市场上个股的跳跃风险及其特性、跳跃风险对个股横截面收益的影响、跳跃风险溢酬的系统性和时变性等方面进行了研究,发现了中国市场上的一些有趣现象,例如,长期来看中国 A 股市场上的跳跃风险并非系统性风险但却具有时变性,其时变性可以被前一期的市场波动率因子和规模因子所预测,等等。这些探索性的工作一方面可以为未来进一步发展的期权市场模型设置、定价、套期保值和套利提供参考和借鉴,另一方面也可以为投资者和监管部门提供中国 A 股市场上跳跃风险的相关信息和重要证据。

6.1　风险溢酬的估计:期权方法与标的
资产方法的一致性

通读经典金融文献可以发现,金融学者们研究风险溢酬不外乎两大思路:一是用期权和其标的资产的信息进行联合估计,从期权价格中估计出风险中性测度下的期望值,从标的资产价格中估计出现实测度下的期望值,而后运用测度转换的基本思路,得到相应隐含的风险溢酬;二是仅从标的资产价格信息入手,用标的资产(如个股)构建风险因子,用 FM 两步法进行回归,估计相应的风险溢酬。那么,同样是研究风险溢酬,这两种方法之间是否存在一定的联系呢? 迄今为止,尚无学者清晰地论证过这两种方法之间的联系与差异。在这一部分,我们将借助随机贴现因子的分析框架就这个问题进行讨论,证明这两种方法的内在一致性,也相应证明了本章接下来通过标的资产价格进行的跳跃风险溢酬的研究结论是稳健的,与通过期权价格研究跳跃风险溢酬得到的结论在理论上是一致的。

我们首先从经典的 FM 两步法开始分析。假设只有单个风险因子 F。FM 两步法主要基于 APT 模型(arbitrage pricing theory,又常被称为因子模型),第一步首先对标的资产(通常为个股)收益率 R_i 与风险因子 F 进行时间序列回归,即

$$R_{i,t} = \alpha_i + \beta_{i,F} \cdot F_t + \zeta_{i,t} \tag{6.1}$$

得到个股 i 对风险因子 F 的因子载荷,即系数 $\beta_{i,F}$,视为个股 i 收益率对风险因子 F 的敏感性,α_i 和 $\zeta_{i,t}$ 分别为截距项和残差项。第二步,用下一期个股的超额收益率对个股的 $\beta_{i,F}$ 进行横截面回归

$$E(R_i) - R_f = \mu + \lambda_F \cdot \beta_{i,F} + \eta_i \tag{6.2}$$

其中 R_f 为无风险利率,μ 和 η_i 分别为截距项和残差项,最终估计得到的系数 λ_F 就是风险因子 F 的单位风险溢酬(也被称为风险价格):对于 i 股票来说,每单位风险溢酬 λ_F 乘以该股票对 F 风险的敏感度 $\beta_{i,F}$,显然就是投资该股票、承担来自 F 的风险而应获得的总风险溢酬。如果 λ_F 显著异于零,说明风险因子 F 被定价;反之则未被定价。

下面我们在随机贴现因子的分析框架下对 FM 两步法进行更深入的分析。对于任意资产 i 的收益率 R_i,根据随机贴现因子(stochastic discount factor,SDF)的基本原理[①],我们有:

_____

① Cochrane(2005)是随机贴现因子分析框架的经典教材,本章中用到的随机贴现因子基本原理均可在该书中找到。

$$E[mR_i]=1 \tag{6.3}$$

其中 m 表示随机贴现因子[①]，而且 m 和 R_i 所对应的期间是相同的。略加推导可以得到

$$E[R_i] = \frac{1}{E[m]} - \frac{\text{cov}[R_i,m]}{E[m]} \tag{6.4}$$

为了展开 $\text{cov}[R_i,m]$，可以将 m 与 F 的关系写为

$$m = a + b \cdot F + \varepsilon \tag{6.5}$$

其中，回归系数 b 的公式为

$$\frac{\text{cov}[m,F]}{\text{var}[F]} \tag{6.6}$$

ε 中则包含了因子 F 之外的其他定价因子。

这样，式(6.4)可以继续写为

$$
\begin{aligned}
E[R_i] &= \frac{1}{E[m]} - \frac{\text{cov}[m,R_i]}{E[m]} \\
&= \frac{1}{E[m]} - \frac{b\,\text{cov}[R_i,F]}{E[m]} - \frac{\text{cov}[R_i,\varepsilon]}{E[m]} \\
&= \frac{1}{E[m]} - \frac{\text{cov}[m,F]}{\text{var}[F]} \cdot \frac{\text{cov}[R_i,F]}{E[m]} - \frac{\text{cov}[R_i,\varepsilon]}{E[m]} \\
&= \frac{1}{E[m]} - \frac{\text{cov}[R_i,F]}{\text{var}[F]} \cdot \frac{\text{cov}[m,F]}{E[m]} - \frac{\text{cov}[R_i,\varepsilon]}{E[m]}
\end{aligned} \tag{6.7}
$$

对比式(6.1)、式(6.2)与式(6.7)可以看出，式(6.7)中的 $\dfrac{\text{cov}[R_i,F]}{\text{var}[F]}$ 就是

---

① 严格地说，F、R_i 和 m 都是时变的随机变量，其中 m 的明确含义是指一段时间内的随机贴现因子，因此文献中常将其写为 $m(t,\tau)$，其中 t 为当前时刻，τ 为对应期限。同样 R_i 也是一段时间内的收益率。在本书接下来的证明中，为简要起见，如非特殊需要，均未标出时间下标。

时间序列回归式(6.1)中得到的 $\beta_{i,F}$，$-\dfrac{\text{cov}[m,F]}{E[m]}$ 就是横截面回归(6.2)中的单位风险溢酬 λ_F。因此,式(6.1)和式(6.2)实际就是式(6.7)的计量表达式, $\zeta_{i,t}$ 则反映了其他定价因子对 R_i 的影响。

进一步分析单位风险溢酬

$$\lambda_F = -\frac{\text{cov}[m,F]}{E[m]} \tag{6.8}$$

其中 m 和 F 的协方差可以分解为

$$\text{cov}[m,F] = E[mF] - E[m] \cdot E[F]$$

$$= E[m] \cdot E\left[\frac{m}{E[m]}F\right] - E[m] \cdot E[F] \tag{6.9}$$

其中 $E[\cdot]$ 表示现实测度下的期望值。根据随机贴现因子的基本原理可知,

$$E\left[\frac{m}{E[m]}F\right] = \dot{E}[F] \tag{6.10}$$

其中 $\dot{E}[\cdot]$ 表示风险中性测度下的期望值。由于随机贴现因子具有性质

$$R_f = \frac{1}{E[m]} \tag{6.11}$$

式(6.9)可以进一步写成

$$-R_f\text{cov}[m,F] = E[F] - \dot{E}[F] \tag{6.12}$$

将式(6.12)代回单位风险溢酬的表达式(6.8),可以看到这两个式子是等价的。即

$$\lambda_F = -R_f\text{cov}[m,F] = E[F] - \dot{E}[F] \tag{6.13}$$

式(6.13)向我们揭示了一个非常重要的结论:现实测度下与风险中性测

度下风险因子 F 的期望值之差就等于 F 的单位风险溢酬。换言之,运用 FM 两步法从标的资产价格信息中估计得到的风险溢酬与运用测度转换从期权价格信息中得到的风险溢酬是等价的[①]。具体到本章,可以得出的结论就是:运用 FM 两步法、采用股票数据,可以在缺乏期权市场的情形下,向我们提供中国市场跳跃风险和跳跃风险溢酬的信息,进而预先对未来中国金融市场上的期权受模型风险的影响提供参考。

在下文中,本章将按照 FM 两步法的基本流程——式(6.1)和式(6.2)——进行研究。从两个回归式中可以看出,要进行 FM 研究,需要输入跳跃因子的时间序列,因此我们要先侦测出中国市场上的跳跃现象,然后采用 Fama-French 方法,用可交易模拟组合(mimicking portfolio)的收益率来代表跳跃因子估计出因子载荷,再进行跳跃风险溢酬的估计。

需要强调的是,只有在 FM 两步法采用单因子模型时,我们才有式(6.13)。原因有两点:第一,在前面的推导中,用随机贴现因子将风险溢酬与实证研究相结合时,$\lambda_F = -\dfrac{\text{cov}[m,F]}{E[m]}$ 的结论是在单因子框架下才能够得出的。第二,在期权定价模型中,风险源往往只来源于跳跃风险以及扩散风险,从而期权定价中的风险溢酬也同样只分为扩散部分所带来的风险溢酬以及跳跃部分所带来的风险溢酬。而在因子模型中,我们可以很简单地加入多因子,但多个风险因子往往无法在期权定价模型中以风险源的形式全部体现出来,从而会失去一一对应的性质。例如,在多因子模型中得到的规模因子风险溢酬、流动性风险溢酬等等可能体现在期权定价模型中的跳跃幅度风险溢酬或者跳跃频率风险溢酬中。基于这个考虑,下文中为了检验已有研究(如 Pan (2002)[47];Eraker (2004)[35] 和 Broadie,Chernov and Johannes (2007)[48])对三个维度的

---

① 例如 Hull(2009)中测度变化与风险价格的例子实际上就是式中的风险因子为波动率情形下的特例。

跳跃风险溢酬设定的正确性，本章将先检验单因子模型，来检验在中国市场这三个维度的跳跃风险是否都需要风险溢酬。之后，依据传统的因子回归的方法，也进行多因子回归，但加入其他因子的主要目的是引入控制变量来探讨跳跃风险因子是否能够被其他因子所解释。

6.2　中国 A 股市场：跳跃风险的侦测与度量

要考察中国 A 股市场上的跳跃风险和相应的风险溢酬，需要首先对跳跃现象进行侦测和度量。具体的侦测和度量方法将在下文逐一介绍。本章采用的样本是 1997 年 1 月至 2010 年 7 月 31 日的沪深两市非 ST、PT 类股票的日数据，剔除 IPO 之后首月的价格以及上市时间少于 3 年的股票，以避免过短的估计窗口对于回归结果产生的影响①。最终样本内共包含 1 747 只股票，3 283个交易日，共 3 299 389 个观测值。下文在进行跳跃的侦测时，采用的频率是日度的收益率数据，在侦测出跳跃的相关属性后，将其按月加总，在进行回归时采用的是月度收益率数据②，共 1 747 只股票，91 个月度数据。

6.2.1 跳跃的侦测

为避免受到模型设定的干扰，本章采用无模型的方法来侦测跳跃。目前已有的无模型侦测跳跃的方法包括 Barndorff-Nielsen and Shephard (2006)[37]，Jiang and Oomen (2008)[38] 和 Lee and Mykland (2008)[39]。而其中 Lee and Mykland (2008)[39] 的方法比较适合本书的需要，因为该方法能够

---

① 在之后的滚动回归中，我们选取的估计窗口为 3 年。
② 由于日度收益率含有大量噪音，因此，一般而言检验资产定价中因子的风险溢酬都采用月度频率数据。

检验出跳跃发生的具体时点、幅度以及方向,是下文估计出跳跃三因子并进行具体深入研究所不可或缺的。因此,我们选用 Lee and Mykland (2008)[39] (以下称为"LM 检验")的方法对跳跃进行监测。

根据 Lee and Mykland (2008)[39] 构造侦测跳跃的指标:

$$L(\tau) = \frac{\ln S(t_\tau)/S(t_{\tau-1})}{\sigma(t_i)} \tag{6.14}$$

其中,S 为股票价格,

$$\bar{\sigma}(t_i)^2 = \frac{1}{K-2} \sum_{j=i-K+2}^{i-1} |\log S(t_j)/S(t_{j-1})| |\log S(t_{j-1})/S(t_{j-2})|$$

此处,K 是观测区间,根据 Lee and Mykland (2008)[39] 的建议,设定 $K = 16$。Lee and Mykland (2008)[39] 推导出指标 $L(\tau)$ 经过变换后得到的指标 ξ 满足分布 $P(\xi \leq x) = \exp(-e^{-x})$,而 ξ 可以通过以下式子得到:

$$\frac{\max_{\tau \in A_n} |L(\tau)| - C_n}{S_n} \to \xi$$

其中 n 是每年的观测数,

$$C_n = \frac{(2\log n)^{1/2}}{c} - \frac{\log \pi + \log(\log n)}{2c (2\log n)^{1/2}}$$

$$S_n = \frac{1}{c (2\log n)^{1/2}}$$

$$c = \frac{\sqrt{2}}{\sqrt{\pi}} \approx 0.7979$$

根据 Lee and Mykland (2008)[39],当

$$\xi > 4.6001$$

即当指标 ξ 超过 99% 的临界值

$$x^* = -\log(-\log(0.99)) = 4.6001$$

时,则认定股票价格发生了跳跃。

6.2.2 跳跃风险的度量

与跳跃风险相关的维度一般有三个(Bates (2000)[46],Pan (2002)[47],Broadie, Chernov and Johannes (2007)[48]):跳跃幅度均值、跳跃幅度的波动率(即个股跳跃幅度的标准差)和跳跃频率。在运用 LM 方法侦测出跳跃之后,我们对每只股票的上述 3 个跳跃风险维度进行了统计。表 6.1 中给出了中国 A 股市场上的个股在 1997 年 1 月到 2010 年 7 月之间三个维度跳跃风险的描述统计。可以看出,跳跃幅度均值、跳跃幅度波动和跳跃频率都是显著异于 0 的。

表 6.1　跳跃幅度的均值、跳跃幅度的波动率以及跳跃频率的描述统计

跳跃风险	均值	中位数	标准差	偏度	峰度	最大值	最小值
跳跃幅度均值	0.19% (2.26)	0.37%	3.1%	−0.27	1.69	9.57%	−10.7%
跳跃幅度波动率	7.7% (179.56)	7.9%	1.6%	−2.97	10.92	10%	0%
跳跃频率(次)	14.72 (73.15)	14	7.46	0.39	0.07	46	0

注:括号中为 t 值。另外跳跃幅度均值的最大值为 9.57%,最小值为 −10.7% 的原因在于这里采用的是 LM 指标的对数差分,因此和涨跌停板有 0.05～0.07 左右的差距。

为考察这三个跳跃风险维度之间的关系,表 6.2 进一步报告了它们之间的简单相关系数。可以看出三者之间均存在显著的相关性,但相关程度很低。因为这三者的经济含义不同,其背后的驱动因素也不同:跳跃幅度均值衡量的是极端冲击的方向和大小,它可能由公司个体信息冲击导致,也可能由于公司对系统性风险的顺周期与高敏感性导致;跳跃幅度的波动率衡量的是极端冲击的不确定性,它既可能是由于公司个体信息的不确定性导致,也可能源自整体市场的大幅波动;跳跃频率衡量的是极端冲击的次数,它可能受到公司基本

面不确定性所维持的时间长度,以及公司被市场关注程度的高低等因素的影响。总之,跳跃风险的这三个维度因子都既可能源于系统性风险,也可能来自公司的特质风险,具体来源还需下文进一步深入考察。

表 6.2　跳跃幅度均值、跳跃幅度的波动率与跳跃频率的相关性

	跳跃幅度均值	跳跃幅度波动率	跳跃频率(次)
跳跃幅度均值	1	−0.068**	0.112***
跳跃幅度波动率	−0.068**	1	0.161***
跳跃频率(次)	0.112***	0.161***	1

注:*、**和***分别表示 10%、5%和 1%的显著性水平。

6.2.3 跳跃风险与样本内股票收益率

由于本章的主要目的是研究跳跃风险溢酬及其时变性,在实证检验即体现为考察跳跃风险因子对于个股预期收益率的影响,因此,在检测和度量出跳跃之后,我们先将样本内的全部个股按照跳跃幅度的平均收益率、跳跃幅度的波动率以及跳跃频率的从小到大分别分成 5 组进行排序,并报告各组股票的主要特征,以对这三个维度的跳跃风险对于股票收益率的影响有初步的认识。

以跳跃幅度均值排序为例,具体方法如下:首先将样本期内所有股票按照跳跃幅度均值从小到大排列,然后将其均分为 5 组,第 1 组代表跳跃幅度均值最小的股票集合,第 5 组则代表跳跃幅度均值最大的股票集合,再计算出各组内股票在样本期内总收益率的均值和其他两个维度指标的组内均值。结果报告在表 6.3 中。

表 6.3　不同分组下的股票收益率和其他风险维度表现

分组依据:跳跃幅度均值				
股票收益率	股票只数	跳跃幅度均值	跳跃幅度波动率	跳跃频率(次)
68%	266	−4.1%	7.1%	10.58

续表

分组依据:跳跃幅度均值			
93%	267	−1.03%	8.2%	15.65
104%	267	0.34%	8.2%	17.85
116%	267	1.64%	7.9%	16.60
115%	267	4.12%	6.5%	12.91

分组依据:跳跃幅度波动率				
股票收益率	股票只数	跳跃幅度波动率	跳跃幅度均值	跳跃频率(次)
106%	264	5.5%	0.69%	13.75
111%	265	7.5%	1.06%	30.31
99%	264	7.9%	1.06%	46.81
96%	265	8.4%	1.19%	62.32
88%	264	9.0%	0.96%	74.38

分组依据:跳跃频率				
股票收益率	股票只数	跳跃频率(次)	跳跃幅度均值	跳跃幅度波动率
68%	243	4.46	0.19%	6.4%
87%	302	10.08	1%	13%
104%	248	14.55	1.5%	24%
106%	257	18.44	3%	31%
130%	284	25.22	3.8%	36%

从表 6.3 中可以观察到以下几个现象:

首先,跳跃幅度均值与股票在样本期内的总收益率呈现出显著的正相关性。跳跃幅度均值最高(第 5 组)的收益率比最低(第 1 组)的收益率高出 47%,这一点比较容易理解,价格总体而言向上跳的组合收益率一定较高。但随着跳跃幅度均值的增加,跳跃幅度的波动率和跳跃频率的变化并不明显。

其次,跳跃幅度的波动率和个股的收益率存在一定的负相关关系,但按照它分组的跳跃幅度均值和跳跃频率整体上呈现一定的正相关关系;

最后,按照跳跃频率进行分组的个股收益率同样随着跳跃频率的增加而增加,跳跃频率最高的一组与最低的一组在样本内的收益率差异达到了62%,同时跳跃幅度的均值和跳跃幅度的波动率也相应递增。在跳跃频率对股票收益率的影响上,表6.3的初步结论和Zhou and Zhu (2011)[46]的结论正好相反。Zhou and Zhu (2011)[46]用2003年到2008年的沪市的个股数据发现跳跃频率对于股票的横截面收益率有着负面的影响,同时还发现跳跃频率越高的股票的市场风险因子载荷越小。对于这个问题,本书还需在进一步的研究中加以考察。

从以上分组结果可以初步判断,跳跃风险对股票收益率有较高的解释能力。但仅凭这些简单的分组统计不能得出具有信服力和富含经济意义的结论,需要进一步深入研究。在深入考察之前,我们先对样本内的股票收益率进行简单的横截面回归,引入最为常见的公司规模和非流动性水平两个风险因子作为基本的控制变量,粗略地考察三个跳跃风险维度对股票收益率的影响。其中非流动性水平采用经典的Amihud非流动性指标,全样本内累积的个股非流动指标,结果报告在表6.4中。

表6.4 个股收益率对跳跃风险三维度、公司规模和非流动性的横截面回归

	模型1	模型2	模型3	模型4
截距项	0.53*** (4.86)	0.57*** (5.13)	0.54*** (4.91)	0.57*** (5.18)
跳跃幅度均值	4.93*** (6.77)	4.78*** (6.54)	4.88*** (6.72)	4.73*** (6.50)
跳跃幅度波动率	1.08 (0.43)	−1.56 (0.56)	0.90*** (0.52)	−0.59*** (0.43)
跳跃频率	0.026*** (8.76)	0.027*** (8.62)	0.025*** (8.34)	0.024*** (8.21)
公司规模		−8.01E−10** (−2.14)		−7.87E−10** (−2.20)
非流动性水平			27.38** (2.19)	26.93** (2.15)

续表

	模型 1	模型 2	模型 3	模型 4
调整 R^2	0.1092	0.1119	0.1116	0.1142

注：*、** 和 *** 分别表示 10%、5% 和 1% 的显著性水平，括号中为 t 值。由于非流动性因子等于收益率绝对值除以交易量，其值非常小，导致估计出的系数值非常巨大，此处将非流动系数统一除以 100000，结果不影响统计性质。

从表 6.4 中可以看出，公司规模因子和非流动性因子对股票收益率存在显著的影响，但即使在引入这两个控制变量之后，跳跃风险的三个维度对样本内的股票收益率仍有着显著的影响，这初步表明跳跃对个股收益率的影响不能被公司规模以及股票的非流动性水平解释。但是，这些结果仍然不能说明这种收益是个股的特质因素（如重组和资产注入等）导致的还是由于跳跃风险的系统性所导致的，投资者能不能依靠承担这种系统性风险来获得跳跃风险溢酬，未来期权市场上交易员对冲策略的复制误差会不会受到跳跃风险溢酬的影响。因此，本书接下来要借助更加细致的经验研究来讨论以下三个问题：

第一，中国 A 股市场上跳跃风险的上述三个风险维度是否代表了系统性风险？

第二，在中国 A 股市场上，跳跃风险所带来的个股收益差异是不是对投资者承担系统性跳跃风险的补偿？

第三，A 股市场上的跳跃又是由什么原因引起的？

这三个问题有一定的内在联系。首先，如果跳跃风险是一种目前其他风险无法解释的系统性风险，那么它必然要求一定的风险补偿，投资者可以通过承担跳跃风险来获得收益。其次，如果跳跃风险不是一种系统性风险，那么在长期中，投资者就不会要求显著且稳定的风险溢酬。并且，如果跳跃风险不是系统性风险，则跳跃本身就是由一些未预料到的公司基本面的信息冲击而导致的。在这种情况下，未来中国市场上期权的对冲策略就不容易受到跳跃风险溢酬的影响，从而产生模型风险的可能性就会大大降低。

解答这三个问题的核心就是考察跳跃风险的风险溢酬是否显著。为了检验中国 A 股市场上跳跃风险溢酬的显著性，接下来本文将用 Fama-French 的风险因子构造方法，运用可交易的模拟组合（mimicking portfolio）的收益率来代表跳跃风险因子，并且使用 FM 两步法来检验跳跃风险溢酬的系统性和特质性。

6.3　中国 A 股市场：跳跃风险因子与跳跃风险溢酬的深入检验

接下来，我们将首先构建中国 A 股全市场的跳跃因子，并检验跳跃的单因子风险溢酬；之后将其拓展至多因子模型中，讨论多因子模型中控制变量的选择与构建，最后建立起一个合理得多因子模型，并基于此对中国 A 股市场的跳跃风险溢酬进行全面而深入的考察。

6.3.1　构建跳跃风险因子

本小节的任务是构建全市场的系统性跳跃风险因子。在这里，我们借鉴 Fama and French (1993)[53] 构建公司规模因子与账面市值比因子的方法来构造市场跳跃风险的三因子。具体方法如下：

首先，在 6.2.1 节跳跃侦测结果的基础上，用 6.2.2 节中的类似方法，每个月都根据之前 3 年的样本内股票跳跃幅度均值、跳跃幅度波动率以及跳跃频率进行排序①，分别将股票分成 5 组；其次，采用 Fama and French (1993)[53] 构造风险因子的经典方法，将排序最高组别的股票当月平均收益率减去排序

---

①　因此，样本内 1997 年 1 月至 1999 年 12 月的数据只能用来计算排序分组，但无法构造出当月的跳跃风险因子，无法进入 FM 两步法的回归分析。

最低组别的股票当月平均收益率，得到的结果就作为当月的三个系统性跳跃风险因子。再逐月滚动至样本期末，就可得到样本内三个系统性跳跃风险因子的时间序列。这样构造出的风险因子代表着一个可交易组合的收益率，即在市场上买入高排序组合并卖出低排序组合所获得的收益率。表 6.5 给出了三个跳跃风险因子的描述统计。

表 6.5　样本期内三个跳跃风险因子的描述统计

跳跃风险因子	均值	中位数	标准差	偏度	峰度	最大值	最小值
跳跃幅度均值因子	0.89%	0.67%	2%	0.24	0.50	6.5%	−5.4%
跳跃幅度波动率因子	0.08%	0.037%	2%	−0.20	0.92	6.4%	−6.3%
跳跃频率因子	0.04%	0.096%	1.5%	0.12	1.23	5.1%	−4.9%

从表 6.5 中可以看出，月度的跳跃幅度均值因子可以达到 0.89%，即跳跃幅度最高组别减去跳跃幅度最低组别的年化收益率差异可以达到 10.68%。而跳跃幅度波动率因子与跳跃频率因子的均值分别只有 0.08% 和 0.04%，也就是说，按照这两个因子排序得到的最高组与最低组的月收益率差异很小。

需要强调的是，与 6.2 节中的三个跳跃风险维度的直接度量不同，本节中估计出来的三个跳跃风险因子是高跳跃风险和低跳跃风险组合收益率相减得到的，剔除了共同的市场因素所带来的影响，从而真正集中描述了三个维度的跳跃风险。

6.3.2 单因子跳跃风险溢酬

本小节的任务，是在 6.3.1 估计得到的三个跳跃风险因子的基础上，在单因子模型下运用 FM 两步法对中国 A 股市场上的跳跃风险溢酬进行估计和检验。具体过程为：

第一步,从 2000 年 1 月[①]开始,对个股月超额收益率与上述三个跳跃风险因子时间序列每 3 年进行单因子时间序列回归,逐月滚动,估计出因子载荷。具体回归方程为

$$R_{i,t} - R_{f,t} = \alpha_{1,t} + \beta_{i,1} F_{1,t} + \zeta_{i,1,t}$$
$$R_{i,t} - R_{f,t} = \alpha_{2,t} + \beta_{i,2} F_{2,t} + \zeta_{i,2,t} \qquad (6.15)$$
$$R_{i,t} - R_{f,t} = \alpha_{3,t} + \beta_{i,3} F_{3,t} + \zeta_{i,3,t}$$

其中,R_i 表示股票 i 的月收益率,R_f 为该月对应的无风险利率,F_1、F_2 和 F_3 分别表示月度的跳跃幅度均值因子、跳跃幅度波动率因子与跳跃频率因子,估计得到的系数 $\beta_{i,1}$、$\beta_{i,2}$ 和 $\beta_{i,3}$ 就是股票 i 对三个跳跃风险因子的因子载荷,即在个股的月收益率中有多少能够被相应的跳跃风险因子所解释。所谓"每 3 年"和"逐月滚动",以股票 i 和因子 1 为例,就是从 2000 年 1 月至 2002 年 12 月进行第一次 3 年的时间序列回归,得到时间上的第一个 $\beta_{i,1}$;然后从 2000 年 2 月至 2003 年 1 月进行第二次时间序列回归,得到时间上的第二个 $\beta_{i,1}$,逐月进行。其他股票和其他因子以此类推。这样最终可以估计出每只股票的 $\beta_{i,1}$、$\beta_{i,2}$ 和 $\beta_{i,3}$ 月时间序列(各有 91 个值)。

第二步,在估计出每只个股的因子载荷 $\beta_{i,1}$、$\beta_{i,2}$ 和 $\beta_{i,3}$ 之后,代入式进行单因子横截面回归。与通常做法相同,式中的预期收益率用一个月的真实收益率代替:

$$R_{i,t+1} - R_{f,t} = \mu_{1,t+1} + \lambda_{1,t+1} \cdot \beta_{i,1} + \eta_{i,1,t+1}$$
$$R_{i,t+1} - R_{f,t} = \mu_{2,t+1} + \lambda_{2,t+1} \cdot \beta_{i,2} + \eta_{i,2,t+1} \qquad (6.16)$$
$$R_{i,t+1} - R_{f,t} = \mu_{3,t+1} + \lambda_{3,t+1} \cdot \beta_{i,3} + \eta_{i,3,t+1}$$

这样可以分别估计出三个跳跃风险因子的单位风险溢酬 $\lambda_{1,t+1}$、$\lambda_{2,t+1}$ 和

[①] 样本前 3 年数据用来估计定价因子,因此无法使用。

$\lambda_{3,t+1}$。如果 λ 显著异于零,说明该风险因子被定价,或者说,该风险因子对预测下一期的预期超额收益率有帮助;反之则未被定价或没有预测能力。与 $\beta_{i,1}$、$\beta_{i,2}$ 和 $\beta_{i,3}$ 的月时间序列相匹配,横截面回归也逐月滚动,从 2003 年 1 月到 2010 年 7 月的每月均有一个回归结果,从而形成三个跳跃因子风险溢酬的月时间序列(各有 91 个值)。表 6.6 报告了最终汇总的跳跃因子风险溢酬回归结果。

由表 6.6 的结果可以看出,无论是跳跃幅度均值因子、跳跃幅度波动率因子还是跳跃频率因子,在 2003 年 1 月到 2010 年 7 月期间,在单因子模型下的平均预测能力都是不显著的。这个结果初步表明,在中国 A 股市场上,长期来看跳跃风险并不是一个系统性风险,投资者无法通过长期持有或者卖空跳跃风险较大的股票来获得额外的收益,因此,表 6.3 根据跳跃三个风险维度所算出的分组收益率差异更可能是因为中国股票市场上的各种重组、资产注入等个股层面的特质风险所导致的,而非系统性风险溢酬。但是,另一个值得关注的现象是:这些跳跃风险因子在 91 次横截面回归中的显著次数占到了 60％以上,表明在短期内跳跃风险对下一期的收益率是具有一定的预测能力的,但这种预测能力却是不固定的,时正时负,随着时间的变化而变化。

表 6.6　单因子风险溢酬回归结果

跳跃风险因子	截距项(均值)	截距项显著个数	风险溢酬(均值)	风险溢酬显著个数
跳跃幅度均值	0.10 (1.13)	82	-0.00077 (-0.50)	70
跳跃幅度波动率	0.012 (1.056)	85	$-8.8E-05$ (-0.056)	66
跳跃频率	0.012 (0.98)	82	-0.00026 (-0.28)	64

注:括号中为 t 值。

上述结果表明:中国 A 股市场上的跳跃风险溢酬是时变的和短期显著的,可能受到其他因素的影响。接下来,我们将金融资产定价研究中常用的其他风险因子作为控制变量加入 FM 两步回归中,考察多因子模型下的跳跃风险溢酬。正如之前所提到的,虽然多因子模型得出的跳跃风险溢酬和期权定价中的跳跃风险溢酬不能一一对应,但可以用来考察中国市场上的跳跃风险因子是否能够被常用的其他风险因子所解释。

6.3.3 多因子模型:构建控制变量

为了检验中国 A 股市场上的跳跃风险因子能否被其他定价因子所解释,本书引入资产定价研究中常用的其他风险因子作为控制变量:市场收益率、规模因子、账面市值比因子、非流动性水平因子、流动性风险因子、市场波动率因子、市场协偏度因子和市场协峰度因子。这些风险因子的估计方法与数据来源如下:

(1)市场收益率因子:即市场指数的超额收益率,由沪深 300 指数的对数收益率减去无风险利率(本书采用银行间市场的三个月回购利率作为无风险利率)得到。

(2)规模因子:即大公司组合收益率减去小公司组合收益率,直接采用锐思数据库的相应数据(沪深两市)。

(3)账面市值比因子:即高账面市值比组合收益率减去低账面市值比组合收益率,直接采用锐思数据库的相应数据(沪深两市)。

(4)非流动性水平因子:根据 Amihud(2002)[68]来构建,具体方法是:先从样本中剔除月交易天数不足 10 天的股票,之后每只股票当月的非流动性指标计算公式为

$$\text{Illiq}_{i,t} = \frac{1}{TD_{i,t}} \sum_{d=1}^{TD_{i,t}} \frac{|r_{i,d,t}|}{\text{volume}_{i,d,t}} \qquad (6.17)$$

其中,Illiq$_{i,t}$表示股票 i 在第 t 月的非流动性水平指标,$r_{i,d,t}$为股票 i 在第 t 月第 d 个交易日的收益率,volume$_{i,d,t}$为股票 i 在第 t 月的第 d 个交易日的交易额,$TD_{i,t}$为股票 i 在第 t 月的有效交易天数。对个股非流动性水平 Illiq$_{i,t}$简单加权,就得到市场的月度非流动性水平:

$$Illiq_t = \frac{1}{N_t} \sum_{i=1}^{N_t} Illiq_{i,t}$$

(5)流动性风险因子:除了流动性水平,本书还加入流动性风险作为控制变量。流动性风险指的是未预期到的非流动性水平的变化,因此本书中估计流动性风险因子的方法是对(4)所得到的沪深两个市场的月度非流动性水平 Illiq$_t$,并建立 AR(1)过程:

$$Illiq_t = \varphi_0 + \varphi_1 \times Illiq_{t-1} + \omega_t \tag{6.18}$$

回归方程(6.18)的残差项就是未预期到的非流动性冲击,即为流动性风险因子。

(6)市场波动率因子:即为沪深 300 指数的波动率。

(7)协偏度因子:本书将沪深两市个股的协偏度加总并且进行平均得到市场的协偏度因子。而个股的协偏度定义为

$$coskew_t = \frac{E(\varepsilon_{i,t}\varepsilon_{m,t}^2)}{\sqrt{E(\varepsilon_{i,t}^2)}E(\varepsilon_{m,t}^2)} \tag{6.19}$$

其中,

$$\varepsilon_{i,t} = R_{i,t} - R_f - \alpha_i - \beta_i(R_{m,t} - R_f)$$

是个股超额收益率对同期市场超额收益率回归的残差,$\varepsilon_{m,t}$为市场超额收益率对常数项回归的残差。

(8)协峰度因子:同样通过个股的协峰度进行加总来构建。

$$\text{cokurt}_t = \frac{E(\varepsilon_{i,t}^2 \varepsilon_{m,t}^2)}{E(\varepsilon_{i,t}^2) E(\varepsilon_{m,t}^2)} \qquad (6.20)$$

6.3.4 多因子模型：跳跃风险溢酬

在估计得到各个控制变量之后,本文先考察了三个跳跃风险因子与这些控制变量之间的简单线性相关性,结果见表 6.7。可以看到,三个跳跃风险因子与其他风险因子存在一定的相关性,尤其与公司规模因子的相关性是高度显著的,但其符号并不一致,从各个风险因子与跳跃因子的关系来看,它们之间的经济含义并不是十分明显。我们将在下面的回归中进行更加深入的分析。

表 6.7　三个跳跃风险因子与其他风险因子的简单线性相关关系

	跳跃幅度均值因子	跳跃幅度波动率因子	跳跃频率因子
跳跃幅度均值因子	1.00	-0.49^{***}	0.017
跳跃幅度波动率因子	-0.49^{***}	1.00	-0.038
跳跃频率因子	0.017	-0.025	1.00
市场收益率因子	-0.029	0.24^{***}	-0.2046^{**}
规模因子	-0.64^{***}	0.52^{***}	-0.17^{*}
账面市值比因子	0.10	-0.087	-0.087
非流动性水平因子	-0.10	-0.015	-0.036
流动性风险因子	-0.15^{*}	0.19^{**}	-0.13
市场波动率因子	0.18^{*}	-0.032	0.11
协偏度因子	-0.038	-0.16^{*}	-0.018
协峰度因子	0.12	0.00089	-0.11

注：* 、** 和 *** 分别表示 10%、5% 和 1% 的显著性水平。

接下来,在多因子模型的框架下,本文同样用 FM 两步法对三个跳跃风险因子进行考察,第一步的时间序列回归方程如下：

$$R_{i,t} - R_{f,t} = \alpha_{i,t} + \beta_{i,1}F_{1,t} + \beta_{i,2}F_{2,t} + \beta_{i,3}F_{3,t} + \sum_{j=4}^{11}\beta_{i,j}X_{j,t} + \zeta_{i,t} \quad (6.21)$$

其中 F 仍然表示跳跃风险的三个因子，$X_{j,j=4,\cdots,11}$ 则代表 6.3.3 节中引入的 8 个其他风险因子。因此式就是在考虑其他 8 个控制变量的情形下，考察这三个跳跃风险因子对个股超额收益率的影响。回归系数 β 代表的是样本期内的因子载荷，在估计出 β 后，本书再用下一期的收益率对各个因子载荷 β 进行横截面回归：

$$R_{i,t+1} - R_{f,t} = \mu_{t+1} + \lambda_{1,t+1} \cdot \beta_{i,1} + \lambda_{2,t+1} \cdot \beta_{i,2} + \lambda_{3,t+1} \cdot \beta_{i,3} +$$

$$\sum_{j=4}^{11}\lambda_{j,t+1} \cdot \beta_{i,j} + \eta_{i,1,t+1} \quad\quad (6.22)$$

其中 λ 即为各个风险因子的单位风险溢酬，前 3 个 λ 就是三个跳跃风险溢酬。

需要强调的是，正如 6.1 节结尾处所提及的，多因子模型的作用主要是用其他因子作为控制变量，来比较跳跃风险的相关因子与其他因子解释能力的大小。倘若跳跃风险因子原先是显著而在加入了其他因子之后变得不显著，则说明跳跃因子中的大部分信息都来自这个新加入的因子；反之则说明跳跃风险因子不受新加入因子的影响，这种方法也被称为包络回归。下面，我们分别加入不同的风险因子进行包络回归，以考察各个风险因子之间的相互影响关系。表 6.8 中报告了其中 8 个重要的回归结果，其考察的风险因子分别为：

模型 1：市场收益率因子，考察系统性市场因子的影响；

模型 2：市场收益率因子、规模因子、账面市值比因子，这是经典的 Fama-French 三因子回归；

模型 3：市场收益率因子、跳跃幅度均值因子、跳跃幅度波动率因子、跳跃频率因子，考察系统性市场因子和三个跳跃风险因子的共同影响；

模型4：市场收益率因子、规模因子、账面市值比因子、跳跃幅度均值因子、跳跃浮动波动率因子、跳跃频率因子，考察 Fama-French 三因子和三个跳跃风险因子的共同影响；

模型5：市场收益率因子、规模因子、账面市值比因子、跳跃幅度均值因子、跳跃浮动波动率因子、跳跃频率因子、非流动性水平因子，在模型4的基础上再引入非流动水平因子的影响；

模型6：市场收益率因子、规模因子、账面市值比因子、跳跃幅度均值因子、跳跃浮动波动率因子、跳跃频率因子、非流动性水平因子、流动性风险因子，在模型5基础上再增加考虑流动性风险因子的影响；

模型7：市场收益率因子、规模因子、账面市值比因子、跳跃幅度均值因子、跳跃浮动波动率因子、跳跃频率因子、市场波动率因子、协偏度因子和协峰度因子，在模型4基础上增加市场二阶矩、三阶矩和四阶矩的影响；

模型8：上述所有因子的共同影响。

表6.8　系统性风险的检验

变 量	模型1（均值）	参数的显著个数	模型2（均值）	参数的显著个数	模型3（均值）	参数的显著个数	模型4（均值）	参数的显著个数
截距项	0.014 (1.48)	72	0.011 (1.24)	69	0.010 (1.14)	71	0.010 (1.14)	66
市场收益率因子	−0.0035 (−0.56)	58	−0.0036 (−0.61)	54	−0.0028 (−0.35)	56	−0.0027 (−0.47)	54
规模因子			0.0019 (0.57)	67			0.0019 (0.59)	69
账面市值比因子			0.0013 (1.19)	47			0.0015 (1.28)	52
跳跃幅度均值因子					−0.0010 (−0.66)	69	−0.00098 (−0.75)	67
跳跃幅度波动率因子					−0.00084 (−0.64)	62	−0.00069 (−0.59)	55
跳跃频率因子					−0.00082 (−1.12)	56	−0.00078 (−1.05)	51
变 量	模型5（均值）	参数的显著个数	模型6（均值）	参数的显著个数	模型7（均值）	参数的显著个数	模型8（均值）	参数的显著个数

续表

变　量	模型1(均值)	参数的显著个数	模型2(均值)	参数的显著个数	模型3(均值)	参数的显著个数	模型4(均值)	参数的显著个数
截距项	0.0090 (0.98)	64	0.0084 (0.92)	63	0.0078 (0.86)	63	0.0065 (0.70)	62
市场收益率 因子	−0.0015 (−0.26)	54	−0.001 (−0.18)	55	−0.00033 (−0.058)	54	0.00070 (0.13)	56
规模因子	0.0020 (0.59)	70	0.0020 (0.60)	70	0.0018 (0.54)	70	0.0018 (0.54)	70
账面市值比 因子	0.0016 (1.40)	51	0.0017 (1.47)	49	0.0016 (1.38)	49	0.0018 (1.60)	48
跳跃幅度 均值因子	−0.0011 (−0.81)	68	−0.0012 (−0.90)	69	−0.00083 (−0.64)	65	−0.00091 (−0.71)	64
跳跃幅度 波动率因子	−0.0007 (−0.59)	57	−0.00063 (−0.54)	57	−0.00057 (−0.49)	54	−0.00055 (−0.48)	56
跳跃频率 因子	−0.0008 (−1.10)	53	−0.00088 (−1.16)	55	−0.00063 (−0.84)	47	−0.00067 (−0.87)	49
非流动性 水平因子	0.29 ** (2.01)	45	0.32 ** (2.14)	44			0.29 ** (2.07)	42
流动性 风险因子			−0.0048 (−0.46)	39			−0.0057 (−0.57)	39
市场波动率 因子					−0.00052 (−1.49)	46	−0.00057 (−1.68)	47
市场协偏度 因子					0.042 * (1.93)	28	0.042 * (1.92)	28
市场协峰度 因子					−0.075 (−1.34)	33	−0.075 (−1.37)	30

注:括号中为 t 值, *、** 和 *** 分别表示 10%、5% 和 1% 的显著性水平。

从表 6.8 中可以看出,在中国 A 股市场上,在所有的风险因子中,只有非流动性因子与市场协偏度因子的风险溢酬是显著的,而对于三个跳跃风险因子来说,虽然横截面回归时风险溢酬显著的方程个数均占了样本数(91 个)的一半以上,但由于每次显著时的风险溢酬正负符号不一定,导致从整体上看三个跳跃风险因子的风险价格都是不显著的。这与表 6.6 的单因子回归结果是一致的。

因此,从单因子模型和多因子模型中我们可以得到一致的结论:在中国 A 股市场上,三个跳跃风险因子都不是系统性风险。也就是说,在中国 A 股市场上,即使个股在过去出现了极端的跳跃情况,投资者也无法通过承担这种风险在将来获得额外的预期收益。相比之下,Zhou and Zhu (2011)[45]用的是2003 年~2008 年沪市的个股全样本数据进行时间序列估计,并用全样本数据进行横截面回归,这种做法相当于从已知的信息中得到历史的风险溢酬。本书认为 Zhou and Zhu (2011)[45]的结论只能够说明跳跃频率的解释能力,而不能代表这些因子对于未来股票价格具有预测作用。因此,在中国市场上,本书中所观测的三个维度的跳跃风险都主要是由个股的特质风险所导致的。考虑到我国股市的实际情况,本书认为这种基于特质风险的跳跃和个股收益之间的关系,应该与国内 A 股市场在 1997 年到 2010 内之间的各种改革(如股权分置改革)以及个股的重组并购有较大的联系。

这样的实证结果应用到中国的模型风险问题上,我们可以得到结论是:不显著的跳跃风险溢酬意味着中国市场上的跳跃风险不会系统性地存在,在未来的期权对冲交易中,长期而言,交易员可以较少地考虑跳跃风险给复制误差带来的影响,这样在极端情况下复制策略所面临的模型风险就会大大减小。

6.4　跳跃风险溢酬的时变性与可预测性

在 6.3 节的单因子和多因子回归中,我们均发现了一个有意思的现象:在91 个月的横截面回归中,超过半数的时间里三个跳跃风险溢酬都是显著的,但其符号却有正有负,最终导致平均来看中国 A 股市场上的跳跃风险溢酬是不显著的,长期而言不具有系统性。但这也同时意味着,中国 A 股市场上的跳跃风险溢酬是时变的,受到其他状态变量的影响。

在这样的情形下,在考察跳跃风险的系统性之外,我们还要进一步检验中国 A 股市场上跳跃风险溢酬的时变性,考察影响其时变的主要因素。因为尽管从长期而言,期权模型风险受跳跃影响不明显,但从短期来看,可能仍然要将跳跃风险纳入复制策略的考虑范畴。

在这一节中,本书用三个跳跃风险溢酬与其他风险因子的滞后一期进行回归,研究中国 A 股市场上的跳跃风险溢酬时变特征。

表 6.9 跳跃风险溢酬的时变性

其他风险因子的滞后一期	跳跃幅度均值风险溢酬		跳跃幅度波动率风险溢酬		跳跃频率风险溢酬	
	单因子	多因子	单因子	多因子	单因子	多因子
截距项	−0.0056 (−1.22)	−0.0047 (−1.22)	0.0063 (1.34)	0.0044 (1.29)	−0.0037 (−1.43)	−0.0025 (−1.12)
市场收益率因子	−0.011 (−0.63)	−0.011 (−0.73)	0.0094 (0.5)	0.011 (0.79)	−0.020* (−1.91)	−0.011 (−1.24)
规模因子	−0.0083 (−0.22)	−0.0052 (−0.17)	−0.0052 (−0.14)	−0.024 (−0.84)	−0.046** (−2.14)	−0.033* (−1.78)
账面市值比因子	−0.0041 (−0.60)	−0.048 (−0.85)	0.024 (0.34)	0.031 (0.62)	−0.044 (−1.15)	−0.032 (−0.96)
非流动性水平因子	0.00062 (0.76)	0.00043 (0.62)	−0.00069 (−0.82)	−0.00059 (−0.96)	0.00027 (0.58)	0.000027 (0.07)
流动性风险因子	0.0048 (0.42)	0.0041 (0.43)	−0.0081 (−0.70)	−0.010 (−1.19)	0.0075 (1.16)	0.0047 (0.84)
市场波动率因子	−0.59** (−2.17)	−0.48** (−2.13)	0.52** (1.90)	0.30 (1.53)	−0.29* (−1.87)	−0.22* (−1.65)
市场协偏度因子	0.0024 (0.63)	0.00089 (0.28)	−0.0027 (−0.68)	−0.0022 (−0.77)	0.00019 (0.09)	−0.0014 (−0.77)
市场协峰度因子	0.0021 (1.05)	0.0018 (1.05)	−0.0027 (−1.31)	−0.0020 (−1.34)	0.0018 (1.58)	0.0011 (1.13)

注:括号中为 t 值,*、** 和 *** 分别表示 10%、5% 和 1% 的显著性水平。

表 6.9 展示了三个跳跃风险因子的风险溢酬如何受到前一期其他风险因子的影响。可以看出,无论是在单因子模型还是在多因子模型框架下,三个跳跃风险溢酬都较为显著地受到滞后一期的市场波动率的影响,但符号有所不同。具体来看,跳跃幅度均值风险溢酬和跳跃频率风险溢酬都与滞后一期的市场波动率存在显著负相关。也就是说,上一期市场波动较为剧烈的时候,投

资者如果买入之前跳跃幅度均值较大或者跳跃频率较高的股票(即出现大幅上涨或大幅上涨次数较多的股票),而抛售之前跳跃幅度均值较小或者跳跃频率较低的股票(即出现大幅下跌的股票或不发生跳跃的股票),那么将会遭受损失;反之,当市场上一期的波动较小时,投资者选择买入之前跳跃幅度均值较大或者跳跃频率较高的股票,而放弃之前跳跃幅度均值较小或者跳跃频率较低的股票,则会获得正的收益。跳跃幅度波动率因子则与前一期市场波动率正相关。由于从经济含义上看,跳跃幅度的波动率隐含着公司基本面信息的不确定性,因此,此处的正相关关系实际上暗示着在前一期市场波动较大时,投资者投资基本面信息较为不确定的股票可以获得显著的正收益。这基本与经济直觉一致,可以理解为当市场前一期较为不稳定时,大部分投资者更倾向于回避基本面信息不确定的股票,因此,此时买入相关的股票所就能获取更高的风险溢酬。

应用到期权模型风险问题上,上述结论意味着在市场波动变化较大的时候,跳跃风险比较容易变化,并产生影响,此时在中国市场上实施期权的对冲交易策略最好要考虑跳跃风险的影响。

此外,跳跃频率风险溢酬还与上一期的市场收益率因子和规模因子呈负相关关系,但系数都很小,意味着其实质影响很小。总之,本节的研究结果表明:在中国 A 股市场上考虑跳跃可能导致的模型风险时,在系统性风险因子当中,除了市场波动率以外,其他系统性因素影响都不大。

6.5 中国 A 股市场的跳跃风险与跳跃风险溢酬:一个结论

在本章中,我们对两种考察跳跃风险溢酬方法的内在一致性进行了描述,在随机贴现因子框架下证明了:当风险源相同时,期权中隐含的跳跃风险溢酬与 FM 两步法回归所得到的单位跳跃风险溢酬相等。基于此,在中国缺乏期权市场的背景下,本章采用股票价格数据对中国 A 股市场上的跳跃风险和跳跃风险溢酬进行了全面而深入的研究,从跳跃风险的角度对中国市场上的衍生品模型风险进行了考察。

本章的研究发现,在中国 A 股市场上,跳跃风险对于股票的横截面收益率有较高的解释能力,但是跳跃风险的三个因子长期而言都不是系统性风险因子,它们的风险溢酬在长期中是不显著的。这表明,在中国市场上对于期权交易员而言,Delta 对冲后的复制误差中所包含的跳跃风险溢酬并不会给交易员账户带来太大的波动,是一个基本可以忽略的因素。

但是,本章也发现,中国 A 股市场上的跳跃风险溢酬存在时变性,前一期的市场波动率能较好地预测下一期的跳跃风险,其他系统性因子的解释力度有限。也就是说,在未来的中国期权市场上,交易员如果希望在短期内考虑跳跃对模型风险的影响,最好的辅助预测指标是市场波动率,其他系统性风险则可以忽略不计。

7 研究结论与后续展望

7.1 主要研究与结论

纵览全书,本书在经典资产定价理论框架和无套利思想下发展了一个衍生品"模型风险"研究的新定义和新视角,基于此在理论上首次探索了模型风险影响衍生品定价和复制(风险管理)的三个途径,然后运用数值模拟对相应提出的 6 个研究假设进行了检验,并进一步针对最复杂和最重要的一类模型风险——跳跃风险,首次提出其风险和风险溢酬的两大研究思路及其内在一致性:在多维扩散跳跃模型下的期权隐含跳跃风险和 Fama-MacBeth 方法下的股票隐含跳跃风险,最后运用美国期权市场数据和中国股票市场数据分别进行了实证研究,得到了一系列有意义的结论:

(1)定义为"衍生品初始定价与复制成本之间差异"的"复制误差"是研究模型风险的良好新视角。这一研究视角既能在理论上与现有的经典理论和研究成果相承接,又能与金融机构的衍生品实际操作盈亏直接联系,是在经典资产定价理论框架下的一个新发展,又具有可操作性和经济意义,巧妙规避了真实模型不可知的障碍,在理论和实践之间初步搭建起了一座桥梁。

（2）从复制误差的角度看，模型风险的影响可能通过三个途径体现：①模型设定偏误；②模型参数的随机性；③模型未涵盖的风险源，尤其是跳跃风险的影响。其中模型设定偏误会导致风险中性假设无法成立，现实测度下的风险源仍会影响衍生品定价，衍生品不再是冗余证券；近似模型的参数必然是随机的，参数的连续重新校准和参数复制策略是两种应对方法；如果资产价格存在跳跃，建模时却遗漏了跳跃风险，可能会造成严重的模型风险问题。

（3）在真实模型未知时，相对简单的近似模型和复制策略往往较为稳健，在经济环境剧烈变化的情况下尤其如是，过度参数化和过度追求精细复制有时会带来麻烦。

（4）从衍生品价格中提取得到的风险溢酬（用测度转换的方法）和从标的资产价格中估计得到的风险溢酬（用 Fama-MacBeth 两步法）之间从本质上是一致的。具体到跳跃风险的研究上，期权隐含的跳跃风险溢酬和 Fama-Mac-Beth 方法下的股票所隐含跳跃风险溢酬在本质上是一致的。

（5）在美国股指期权市场上，即使在控制了波动率风险、模型设定偏误、信息传递效率、期权剩余期限和在值程度等因素的影响之后，跳跃风险和跳跃风险溢酬的影响仍然是显著的，而且具有很强的时变性。也就是说，在美国市场上，如果忽视跳跃，将会带来显著的模型风险和复制误差。

（6）在中国股票市场上，长期而言，跳跃风险不是系统性风险；但在短期内，跳跃风险对股票收益率的影响是显著的，而且具有很强的时变性，市场波动率对其具有一定的预测性。这意味着，在未来的中国衍生品市场上，金融机构可以基于市场波动率的变化来关注跳跃风险问题，当市场波动率较大时，有必要考虑跳跃风险的影响。

7.2 研究的不足与后续研究展望

长期以来,衍生品的定价与复制一直是学术界经久不衰的议题。然而,这个研究领域的高度复杂性为后来的学者们留下了许多发展空间。同之前学者们的研究一样,本书虽然致力于模型风险以及跳跃风险和跳跃风险溢酬的研究,探索出了一条新的研究道路,但受到数学工具和运算时间等的制约,仍存在许多不足,这也是将来后续研究可以继续努力的方向:

首先,由于复杂衍生品解析解的不可得,本书的研究思路和方法又是第一次提出,因此全书都是针对欧式期权的模型风险和复制误差问题展开的,尚未拓展至其他复杂衍生品,这是本书的一个不足。从理论上说,奇异期权价格对模型设定偏误、参数的变动和跳跃风险遗漏会更加敏感,所以本书的研究方法用在奇异期权上将会更有价值。

其次,在第3章的最后一节,本书在理论上推导出了 Delta 对冲组合所包含的四个方面信息,包括跳跃风险、跳跃风险溢酬和其他状态变量连续变动的风险溢酬等。但由于很难找到与其一一对应的代理变量,在后文的实证中我们无法确切区分跳跃风险因子的显著性是跳跃的风险溢酬还跳跃风险本身所致,这个领域非常值得我们未来进一步探索。

最后,在第6章对中国 A 股市场的分析中,涨跌停制度的存在会导致股票价格有可能在很长一段时间内连续涨停或者连续跌停,这时候即使是最新的非参数侦测方法也无法侦测出价格的跳跃,会给研究结果带来一定的影响。另外我们发现中国市场上跳跃风险的时变性非常强,而 Fama-MacBeth 方法却要用过去一段的历史数据来预测未来跳跃风险并逐月滚动,可能会导致结果偏差,这也是以往所有同类研究不可避免的缺陷。

　　总的来看,未来的后续研究主要可以从两方面入手:第一,未来在模型风险方面的研究可以更加贴近市场,在市场数据和模拟数据相结合的基础上,考察用不完全市场下的近似模型为奇异期权进行定价和复制时可能导致的模型风险;第二,未来的研究可以在目前的基础上寻找更加精细的代理变量分别刻画跳跃风险和跳跃风险溢酬,从而从期权价格中提取出足够精确的隐含信息。

参考文献

[1]BlACK F and M SCHOLES. The pricing of options and corporate liabilities[J]. The journal of political economy,1973：637-654.

[2]MERTON R C. Option pricing when underlying stock returns are discontinuous[J]. Journal of financial economics，1976,3(1/2)：125-144.

[3]HESTON S L. A closed-form solution for options with stochastic volatility with applications to bond and currency options[J]. Review of financial studies，1993，6(2)：327-343.

[4]DUPIRE, B. Pricing with a smile[J]. Risk，1994(7)：18-20.

[5]BATES D S. Dollar jump fears，1984—1992：distributional abnormalities implicit in currency futures options[J]. Journal of international money and finance ,1996,15(1)：65-93.

[6]BAKSHI G，Cao C and Chen Z. Empirical performance of alternative option pricing models[J]. The journal of finance，1997(52)：2003-2050.

[7]REBONATO R. Theory and practice of model risk management

[M]. Modern risk management: a history, 2003.

[8]BACHELIER L. Theorie de la speculation, Gauthier-Villars[D]. 1900.

[9]HARRISON J M and D M Kreps. Martingales and arbitrage in multiperiod securities markets[J]. Journal of economic theory,1979,20(3): 381-408.

[10]COX J C, S A ROSS and M RUBINSTEIN. Option pricing: A simplified approach[J]. Journal of financial economics, 1979,7(3): 229-263.

[11]RUBINSTEIN M, Nonparametric tests of alternative option pricing models using all reported trades and quotes on the 30 most active CBOE option classes from August 23, 1976 through August 31, 1978[J]. Journal of finance, 1979: 455-480.

[12]LAMOUREUX C G and W D Lastrapes. Forecasting stock-return variance: Toward an understanding of stochastic implied volatilities[J]. Review of financial studies,1993, 6(2): 293-326.

[13]HULL J and A White. The pricing of options on assets with stochastic volatilities[J]. Journal of finance,1987: 281-300.

[14]BREEDEN D T. An intertemporal asset pricing model with stochastic consumption and investment opportunities[J]. Journal of financial economics,1979, 7(3): 265-296.

[15]KNIGHT F H. Risk, uncertainty and profit[M]. 1921.

[16]SAVAGE L J. The foundation of statistics[M]. 1954.

[17]DERMAN E. Model risk[J]. Risk,1996(9):34-37.

[18]HOETING J A, MADIGAN D, RAFTERY A E and VOLINSKY C T. Bayesian model averaging: A tutorial[J]. Statistical science, 1999(14): 382-417.

[19]CLYDE M，George E I. Model uncertainty[J]. Statistical science，2004(19):81-94.

[20]CONT R，Model uncertainty and its impact on the pricing of derivative instruments[J]. Mathematical finance,2006(16): 519-547.

[21]ELLSBERG D，Risk，ambiguity，and the savage axioms[J]. The quarterly journal of economics，1961:643-669.

[22]GILBOA I，SCHMEIDLER D. Maxmin expected utility with non-unique prior[J]. Journal of mathematical economics，1989(18):141-153.

[23]ROUTLEDGE B and ZIN S E. Model uncertainty and liquidity[Z]. NBER working paper,2001.

[24]BRANGER and SCHLAG. Model risk: A conceptual framework for risk measurement and hedging[Z]，NBER working paper,2004.

[25]GREEN T C and FIGLESWSKI S. Market risk and model risk for a financial institution writing options[J]. The journal of finance,1999(54): 1465-1499.

[26]HULL J，SUO W. A methodology for assessing model risk and its application to the implied volatility function model[J]. Journal of financial and quantitative analysis,2002(37): 297-318.

[27]LONGSTAFF F A，SANTA-CLARA P and SCHWARTZ E S. Throwing away a billion dollars: the cost of suboptimal exercise strategies in the swaptions market[J]. Journal of financial economics，2001(62):39-66.

[28]SCHOUTENS W，SIMONS E and TISTAERT J. Model risk for exotic and moment derivatives[J]. Exotic option pricing and advanced levy models，2005.

[29]FREY R. Market illiquidity as a source of model risk in dynamic

hedging[J]. Risk publications, London,2000(2).

[30]LELAND H E. Option pricing and replication with transaction costs[J]. Journal of finance,1985(40):1283-1301.

[31]DETLEFSEN K, HARDLE W K. Calibration risk for exotic options[J]. Journal of derivatives, 2007(14):47.

[32]COX J C, S A Ross. The valuation of options for alternative stochastic processes[J]. Journal of financial economics,1976,3(1/2): 145-166.

[33]DUFFIE D, J PAN and K SINGLETON. Transform analysis and asset pricing for affine jump diffusions[J]. Econometrica, 2000,68(6): 1343-1376.

[34]ERAKER B, M JOHANNES and N POLSON. The impact of jumps in volatility and returns[J]. The journal of finance ,2003,58(3): 1269-1300.

[35]ERAKER B. Do stock prices and volatility jump? Reconciling evidence from spot and option prices[J]. The Journal of finance,2004, 59(3): 1367-1404.

[36]AIT-SAHALIA Y. Disentangling diffusion from jumps[J]. Journal of financial economics, 2004,74(3): 487-528.

[37]BARNDORFF-NIELSEN O E, N SHEPHARD. Econometrics of testing for jumps in financial economics using bipower variation[J]. Journal of financial econometrics ,2006,4(1): 1-30.

[38]JIANG G J, R C A Oomen. Testing for jumps when asset prices are observed with noise-a[J]. Journal of econometrics, 2008,144(2): 352-370.

[39]LEE S S, P A MYKLAND. Jumps in financial markets: A new

nonparametric test and jump dynamics[J]. Review of financial studies，2008，21(6)：2535.

[40]BARNDORFF-NIELSEN O E，N SHEPHARD. Power and bipower variation with stochastic volatility and jumps[J]. Journal of financial econometrics ，2004，2(1)：1.

[41]胡素华,张世英,张彤.双指数跳跃扩散模型的 MCMC 估计[J].系统工程学报，2006,21(2)：113-118.

[42]汪先珍.中国股市价格的跳跃行为[D].厦门大学,2009.

[43]陈浪南,孙坚强，股票市场资产收益的跳跃行为研究[J].经济研究，2010,45(4)：54-66.

[44]左浩苗,刘振涛.跳跃风险度量及其在风险—收益关系检验中的应用[J].金融研究，2011(10)：170-184.

[45]ZHOU H，J ZHU. Jump risk and cross section of stock returns：evidence from China stock market[J]. Journal of economics and finance，2011,35(3)：309-331.

[46]BATES D S. Post-'87 crash fears in the S&P 500 futures option market[J]. Journal of econometrics，2000,94(1/2)：181-238.

[47]PAN J. The jump-risk premia implicit in options：evidence from an integrated time-series study[J]. Journal of financial economics,2002，63(1)：3-50.

[48]BROADIE M，M CHERNOV and M JOHANNES. Model specification and risk premia：evidence from futures options[J]. The journal of finance ，2007,62(3)：1453-1490.

[49]SANTA-CLARA P，S YAN. Crashes，volatility，and the equity premium：lessons from S&P 500 options[J]. The review of economics and

statistics,2010,92(2): 435-451.

[50]YAN S. Jump risk, stock returns, and slope of implied volatility smile[J]. Journal of financial economics, 2011,99(1): 216-233.

[51]JIANG G, T YAO. Stock price jumps and cross-sectional return predictability[Z].2009.

[52]DRECHSLER I, A YARON. What's vol got to do with it[J]. Review of financial studies, 2011, 24(1): 1.

[53]FAMA E F, K R FRENCH. Common risk factors in the returns on stocks and bonds[J]. Journal of financial economics ,1993,33(1): 3-56.

[54]FAMA E F, J D MACBETH. Risk, return, and equilibrium: empirical tests[J]. The journal of political economy, 1973: 607-636.

[55]LI A. Model calibration: risk measurement, and the hedging of derivatives[Z]. Working paper, 1999.

[56]CONT R, TANKOV. Financial modeling with jump process[M]. A CRC Press Company, 2004.

[57]HE C, KENNDY J, COLEMAN T, FORSYTH P, Li Y and VETAL K. Calibration and hedging under jump diffusion[J]. Review of derivatives research,2006(9): 1-35.

[58]BUHLER H, DER NATUWISSENSCHAFTEN D and DER WISSENSCHAFTLICHEN AUSSPRACHE T. Volatility markets consistent modeling, hedging and practical implementation[D]. TU Berlin, PhD thesis,2005.

[59]BAKSHI G, N KAPADIA. Delta hedged gains and the negative market volatility risk premium[J]. Review of financial studies, 2003,16(2): 527-566.

[60]LORD R，KOEKKOEK R and DIJK D V. A comparison of biased simulation schemes for stochastic volatility models［Z］. Working paper，2008.

[61]HESTON S L，NANDI S. A closed-form GARCH option valuation model［J］. Review of financial studies，2000,13：585-625.

[62]HAGAN P S，KUMAR D，LESNIEWSKI A S and WOODWARD D E. Managing smile risk［J］. Wilmott magazine，2002(1)：84-108.

[63]JACKWERTH J C，M RUBINSTEIN. Recovering probability distributions from option prices［J］. The journal of finance,1996：1611-1631.

[64]BURASCHI A，J JACKWERTH. The price of a smile：hedging and spanning in option markets［J］. Review of financial studies，2001,14(2)：495-527.

[65]COVAL J D，T SHUMWAY. Expected option returns［J］. The journal of finance，2001,56(3)：983-1009.

[66]GARLEANU N，L H PEDERSEN and A M POTESHMAN. Demand-based option pricing［J］. Review of financial studies，2009,22(10)：4259-4299.

[67]CREMERS M，D WEINBAUM. Deviations from put-call parity and stock return predictability［J］. Journal of financial and quantitative analysis，2010,45(2)：335-367.

[68]AMIHUD Y. Illiquidity and stock returns：cross-section and time-series effects［J］. Journal of financial markets，2002，5(1)：31-35.